JIANCHA HUANJIE
XINGSHI SHENSU WENTI
TANXI

检察环节
刑事申诉问题探析

解维克／著

法律出版社
LAW PRESS · CHINA
北京

图书在版编目（CIP）数据

检察环节刑事申诉问题探析 / 解维克著. -- 北京 ：法律出版社，2024. -- ISBN 978 - 7 - 5197 - 9563 - 4

Ⅰ. D925.218.4

中国国家版本馆 CIP 数据核字第 20244T7175 号

检察环节刑事申诉问题探析

JIANCHA HUANJIE XINGSHI SHENSU WENTI TANXI

解维克 著

策划编辑 许 睿
责任编辑 许 睿
装帧设计 鲍龙卉

出版发行 法律出版社
编辑统筹 司法实务出版分社
责任校对 王 丰 郭艳萍
责任印制 胡晓雅
经　　销 新华书店

开本 710 毫米×1000 毫米 1/16
印张 10.75 **字数** 165 千
版本 2024 年 12 月第 1 版
印次 2024 年 12 月第 1 次印刷
印刷 北京建宏印刷有限公司

地址：北京市丰台区莲花池西里 7 号(100073)
网址：www.lawpress.com.cn
投稿邮箱：info@lawpress.com.cn
举报盗版邮箱：jbwq@lawpress.com.cn

销售电话：010 - 83938349
客服电话：010 - 83938350
咨询电话：010 - 63939796

书号：ISBN 978 - 7 - 5197 - 9563 - 4　　**定价**：58.00 元

凡购买本社图书，如有印装错误，我社负责退换。电话：010 - 83938349

前言

习近平总书记指出，“所谓公正司法，就是受到侵害的权利一定会得到保护和救济，违法犯罪活动一定要受到制裁和惩罚。”① 刑事申诉检察从无到有，发展至今，已经形成了自己独有的规律。通过办理刑事申诉案件，依法纠正错误结论、维持正确结论，使合法权利切实得到司法保障，受到侵害的权利切实得到司法救济，这是刑事申诉检察的基本功能，化解矛盾、定分止争则是更高层面的重要使命。

新时代的刑事申诉检察面临三个方面的挑战：一是刑事法治环境变化。在全面依法治国的背景下，《刑法》《刑事诉讼法》历经多次修改，从基本原则到具体规定都有了巨大进步和发展。国家更加尊重和保障人权，群众的维权意识显著增强，过去不敢维权、不会维权、不愿维权的，如今也敢于、善于、愿意通过刑事申诉维权。最高人民检察院近年来推动纠正的一批刑事冤假错案为司法民主化、亲民化起到了推波助澜的作用，一些长期未申诉的当事人也到检察机关申诉。群众法治意识的提高对司法公正的需求更加迫切。二是刑事案件类型变化。传统的杀人、伤害、盗窃、强奸等刑事案件一般发生在熟人之间，地域范围窄、办理难度小。如今，信息技术的快速发展使陌生人之间、跨地域、网络高科技等新型犯罪不断涌现。办案难度的增加造成群众认同度和服从率下降。三是高质效办案理念萌芽。2023 年，最高人民检察院提出高质

① 习近平：《全面推进科学立法、严格执法、公正司法、全民守法》，载习近平：《论坚持全面依法治国》，中央文献出版社 2020 年版，第 22 页。

效办好每一个刑事申诉案件，让人民群众感受到公平正义就在身边。实践中，部分办案人员的能力与要求不匹配，就案办案、机械办案等惯性思维不同程度存在，落实执法为民的具体措施不够有力，服务群众意识不够，诉权保障不充分，法律释明不到位，办案说理不妥当，程序和实体瑕疵案件时有发生，办案效果欠佳。

刑事申诉案件数量多、变化快、难度大、要求高，加强经验总结、问题研究和规律探索，推动刑事申诉检察往更深层次、更大范围、更高标准发展是我们的价值追求。本书力求解决刑事申诉中的实务问题，同时抛砖引玉与各界共同探究，具有以下特点。

第一，理念引领，知识方法并重。方向决定道路，理念事关全局。本书深入贯彻最高人民检察院“信访法治化”“高质效办好每一个案件”等理念，把新时代检察工作的新理念传导给广大检察人员，在解读检察环节刑事申诉知识、技能的基础上，更加突出对经验、方法的总结，以期帮助检察人员全面提高业务素质和工作能力。

第二，内容合理，重点难点突出。本书在兼顾体系完整性的前提下，着力突出对检察环节刑事申诉重点、难点和疑点问题的研究，同时还关注刑事申诉的历史沿革、司法实践和前沿发展，提醒检察人员不忘来时路、不负今朝景、不怠明日行。力求在内容上直面难点、突出重点、回应关切，不求面面俱到，但求独到且精。

第三，面向实战，讲究实用高效。知常明变者赢，守正创新者进。本书的目的重在加强理念引领和提升职业素能，学习、贯彻习近平法治思想等党和国家的最新理论成果。溯本求源，提出的问题、穿插的案例、解决的方法均来自实践一线，是实实在在的理念思维、技能方法的归纳提炼。书中内容根据多年司法办案经验、参考前人研究成果而成，尽量保留通俗易懂、生动活泼、场景入胜的表达特点，力求务实管用、精准高效。

近年来，镇江检察机关以刑事申诉案件办理规范化、精细化、法治化为导向，以律师代理刑事申诉、法律监督线索初核试点为抓手，推行释法说理、反向审视、司法救助等一系列有力举措，在依法办案与解决矛盾冲突、协调利益关系，构建以“案”和“人”为核心的刑事申诉办理机制等方面已初显成效。真诚期盼这本书能够在培育刑事申诉办案专业精神和职业素养方面发挥作用，做到既授人以鱼更授人以渔。尽管在编写过程中已进行多次调整、修改、完善，但由于水平有限，本书观点难免会有值得商榷之处，论述难免会有不妥之处，敬请批评指正。

解维克

2024 年 7 月 23 日

目录

第一章 检察环节刑事申诉制度的新发展

一、刑事申诉的定义

（一）申诉

《现代汉语词典》对申诉有两种定义：一是国家机关工作人员和政党、团体成员等对所受处分不服时，向原机关或上级机关提出自己意见。一是诉讼当事人或其他公民对已发生法律效力的判决或裁定不服时，依法向法院或检察院提出重新审理的权利。[①] 从宪制民主的政治视角考察，申诉是公民认为国家机关侵犯其合法权利，要求有权机关提供救济保护的一项民主政治权利。《宪法》第 41 条第 1 款规定："中华人民共和国公民对于任何国家机关和国家工作人员，有提出批评和建议的权利；对于任何国家机关和国家工作人员的违法失职行为，有向有关国家机关提出申诉、控告或者检举的权利，但是不得捏造或者歪曲事实进行诬告陷害。"从立法司法的法律视角考察，当事人或其他公民不服司法机关的生效裁判、决定，请求重新审理是法律赋予的一项诉讼权利。作为诉讼权利的申诉，最早出现在 1979 年第五届全国人民代表大会第二次会议通过的《刑事诉讼法》第 148 条，该条规定："当事人、被害人及其家属或者其他公民，对已经发生法律效力的判决、裁定，可以向人民法院或者人民检察院提出申诉，但不能停止判决、裁定的执行。"此后，1982 年《民事诉讼法》（试行）第十四章第 158 条规定："当事人、法定代理人对已发生法律效力的判决、裁

① 参见《现代汉语词典》（第 7 版），商务印书馆 2016 年版，第 1119 页。

定，认为确有错误的，可以向原审人民法院或者上级人民法院申诉，但是不停止原判决、裁定的执行。人民法院对已经发生法律效力的判决、裁定的申诉，经过复查，认为原判决、裁定正确，申诉无理的，通知驳回；原判决、裁定确有错误的，由院长提交审判委员会讨论决定。”1989 年《行政诉讼法》第 62 条也规定当事人可以对生效行政裁判提出申诉。

（二）非诉申诉和诉讼申诉

对照《现代汉语词典》的定义，具有丰富内涵的申诉，可以根据政治和法律属性划分为非诉申诉和诉讼申诉。非诉申诉，主要是指包括当事人在内的公民个体以及企事业等单位主体，基于维护自身合法权益的初衷，针对相关有权机关依程序作出的权利处置、行为处罚、纪律处分等一系列实体决定，可向该作为机关或者其上级主管机关提出要求再次审查、判断、处理，进而实现监督纠正。如党员针对党纪处分决定提出的申诉、普通公民因对行政机关作出的行政处罚等决定不服提出申诉以及国家工作人员因对行政机关作出的处分决定不服提出异议，这些均可纳入非诉申诉的范畴。诉讼申诉，是指当事人、被害人及其法定代理人或者近亲属等法定的适格主体，因直接或间接参与到诉讼活动当中而知晓案件的基本情况，如果认为侦查机关、公诉机关、审判机关作出的决定、判决、裁定等确有错漏，则可依照法定程序和条件向上述机关提出要求再次审查处理或者重新进行司法裁判。如对公安机关采取的刑事拘留等强制措施不服而提出的申诉、对检察机关作出的批准逮捕决定不服而提出的申诉，以及对审判机关作出的司法裁判不服提出的申诉，皆应纳入此类。诉讼申诉的内涵颇为丰富，理应涵盖刑事申诉，民事、行政申诉亦应位列其中。但检察机关受理的刑事申诉既不同于民事、行政申诉，相较于其他司法机关办理的刑事申诉案件，也在申诉主体范围、受理审查程序等方面具有鲜明的检察特色。

（三）检察环节的刑事申诉

最高人民检察院颁布的《人民检察院办理刑事申诉案件规定》明确规

定，检察环节的刑事申诉是指“对人民检察院诉讼终结的刑事处理决定或者人民法院已经发生法律效力的刑事判决、裁定不服，向人民检察院提出的申诉”。受理审查的刑事申诉案件具体有5种情形：(1) 不服人民检察院因犯罪嫌疑人没有犯罪事实，或者符合《刑事诉讼法》第16条规定情形而作出的不批准逮捕决定的申诉；(2) 不服人民检察院不起诉决定的申诉；(3) 不服人民检察院撤销案件决定的申诉；(4) 不服人民检察院其他诉讼终结的刑事处理决定的申诉；(5) 不服人民法院已经发生法律效力的刑事判决、裁定的申诉。作为一种诉讼权利，刑事申诉在受理审查后必将引起一定的法律后果，一般地，检察机关受理审查刑事申诉案件后，要么会审查决定启动监督纠错程序，要么会审查作出终局性审查或复查决定。

二、刑事申诉制度的历史沿革和现实意义

在诸法统一、刑民混同、程序实体糅合的封建社会法制框架下，并没有现代刑事诉讼程序意义上的申诉制度，但长期法制实践过程中演变、孕育出的一系列监督、录囚制度具有现代司法防范纠正冤假错案的作用，昭示了刑事申诉制度的起源。清末、北洋军阀和国民政府统治时期的刑事申诉制度仅是盲目借鉴大陆法系的再审程序理念，没有结合中国国情进行调整，加之当时战乱、割据不断，刑事申诉未发挥应有的作用。中华人民共和国刑事申诉制度在马克思主义的影响下，强调实事求是，在司法中发现真相，先是首创了体现工农阶层意志的再审制度，后在1979年《刑事诉讼法》中明确赋予相关公民刑事申诉权，现代意义上的刑事申诉制度自此确立并持续发展。

（一）封建法制时代的刑事申诉制度

刑法在封建法制体系中居于众法之首，刑名法律甚至曾经是封建法学的代称。封建法制的主流思想是实行严刑峻罚，以刑讯为主要审讯方式的“重刑主义”，刑事诉讼实体与程序不分、司法与行政不分、侦查与审判不分，刑事诉讼服务于维护封建统治的需要，具有较强的人治因素，司法也容易出现徇私枉法、枉法裁判等情形。为防止、纠正冤假错案，中国古代

法律制度在长期的法制实践过程中逐渐演变，孕育出秦汉的“乞鞫”、唐宋和明清的“取囚服辩”以及自西周以来为历朝历代所推崇的“登闻鼓”等众多监督制度，而皇帝、大臣行使的审讯纠察狱囚、恩施宽恕赦免、平反冤假错案、督办久拖未决等录囚制度亦具有其独到的闪光点。这一阶段刑事申诉的主要形式如下：

1. 登闻鼓制度。登闻鼓制度是封建法制时代一项具有历史意义的司法制度，它源起于较早时期《周礼》中的“路鼓”制度。随着时间的推移，唐宋、明清时期的登闻鼓这一下情上达直诉制度日趋健全和完善。即便《大清律例·刑律·诉讼》对击鼓鸣冤设定了更为繁多更加严苛的限制性规定，如“击登闻鼓申诉而不实者杖一百；（所诬不实之）事重（于杖一百）者从重罪论；得实者免罪”。但是登闻鼓制度仍然可以便利统治者通过非常规的诉讼程序与民间社会进行沟通、获取社会信息，解决消除民众的疑虑和不满，也由此逐步演化出专门的申诉机构和多种申诉手段，成为封建时代法定的非常规诉讼程序。

2. 乞鞫制度。乞鞫是缘起秦汉时期实行的一种再审诉讼制度，近似于对生效裁判、决定不服后要求重新审理的现代刑事申诉制度。《睡虎地秦墓竹简·法律答问》：“以乞鞫及为人乞鞫者，狱已断乃听，且未断犹听也？狱断乃听之。”说明对申请再审的请求，应当在案件判决以后才能受理。郑玄注引汉郑司农云：“若今时徒论决，满三月，不得乞鞫。”汉时乞鞫的期限是在宣判后的3个月内，如超出期限就不再受理。秦汉时期实行的乞鞫制度在曹魏时就开始发生变化，部分废除了准许犯人家属乞鞫的制度。《晋书·刑法志》引《魏新律序》：“二岁刑以上，除以家人乞鞫之制。”到了唐代就只对犯人家属告示罪名，不许犯人家属乞鞫。明清律亦同，并规定：“其囚家属在三百里之外，止取囚服辨文状，不在具告家属罪名之限。”乞鞫制度虽然在唐代以后不再出现，但因不服司法裁判提起申诉的制度却从未消亡，而是以唐宋时期的“取囚服辩”“翻异”等制度取而代之并传承延续。

3. 邀车驾上诉。为了彰显皇权的仁德与恤刑，封建政权也允许蒙冤的犯罪行为人或其家属向皇帝“直诉”。邀车驾上诉就是受冤之人在路旁迎接皇帝车驾进行申诉的直诉方式。[①] 当皇帝外出巡查或出行游玩时，申诉人提前藏匿在皇帝必然经过的某地，当皇帝路过时机来临时，申诉人直接向前拦住车队当面向皇帝陈述所受冤屈。明清时期以法律形式明确了人们在正常上诉未获受理的情况下享有“邀车驾”直诉的权利，即“于帐外俯状以邀车驾申诉必须案情真实，若迎车架……申诉而不实者杖一百；事重者从重论；得实者免罪。”

4. 上诉御史机关。御史机关原隶属于司法监察机构，负责履行对文武大臣的监察职责，督察举发违法犯罪，此外还承担部分司法审判职责。《宋会要·刑法》规定：“诉讼不得理，应赴省诉者，先诣本曹。在京者，先所属寺监，次上书省曹，次御史台……”[②] 即法律明确规定，如果存在诉讼未获受理、枉法裁判导致冤情等情况，可以次第逐级向御史台提起上诉。

5. 监察制度。监察制度在封建社会中的起源甚早，为监督政府官员，服务国家利益和皇帝利益，维护既有的统治秩序，保证国家机器的正常运转，战国时期职掌文献史籍的御史官就已经具有明显的监察职能，秦代开始形成专门的“准司法”性质的国家监督制度，对廷尉审理失之偏颇或存在错漏的案件进行重审。监察机构作为接收受理控告申诉、监督管理地方司法的重要途径，推动实现了对审判机关活动的积极监督。

（二）清末、北洋军阀和国民政府统治时期的刑事申诉制度

1905 年，沈家本等在《核议御史刘彭年恢复刑讯折》中提出：“此次修订法律原为收回治外法权起见，故齐一法制，取彼之长补我之短，实为开办第一要义。”为收回治外法权，清政府提出诉讼立法计划，并派沈家本、伍廷芳等赴日本考察法律制度，筹备制定刑事诉讼法和民事诉讼法。1910 年，沈家本主持起草的《大清刑事民事诉讼法》突破了中国传统实体法与程序法合编的编纂模式，在对刑事诉讼法和民事诉讼法合一编纂的情

① 参见（唐）长孙无忌等：《唐律疏议：卷 24·斗讼·越诉》，中华书局 1983 年版，第 447 ~ 448 页。

② 李交发：《中国诉讼法史》，中国检察出版社 2002 年版，第 193 页。

形下规定了再审程序。1911 年，沈家本以 1890 年日本的《刑事诉讼法》作为基础底本，主持编纂了《大清刑事诉讼律草案》，该草案共分为总则、一审程序、上诉程序、再审程序、特别诉讼程序、裁判及执行 6 编，包含 14 个章节多达 1515 个条文。[①] 其中，第 4 编可以细分为再审程序、再诉程序或申诉程序、非常规上诉程序三类。《大清刑事诉讼律草案》是中国历史上首次规定刑事案件申诉再审程序、制度的成文法律。

清政府的急剧覆亡导致《大清刑事诉讼律草案》尚未正式颁布施行便宣告夭折。1921 年，北洋政府在《大清刑事诉讼律草案》的基础上修改颁布了《刑事诉讼条例》，规定先期在“广东省特别法院”区域施行，计划从 1922 年开始在全国统一施行，但实际仅限于北洋政府统治地区。西南地区各省份依然继续援引使用广州军政府于 1921 年删减修订的包含再审制度的《刑事诉讼律》。1927 年大革命失败以后，国民政府继续沿用清朝末期和北洋军阀时期的诉讼程序、司法体制，并借鉴大陆法系的再审程序理念，分别于 1928 年和 1935 年两次制定颁布《中华民国刑事诉讼法》《中华民国刑事诉讼法施行法》等成文法典，规定了不服生效裁判时，用以纠正事实认定错误的再审程序和纠正法律适用错误的非常上诉程序。

（三）中华人民共和国刑事申诉制度的产生和发展

早在苏维埃红色政权时期，党就领导人民开始推进陈旧诉讼制度的废止和体现工农阶层意志新型司法体制的创建。1932 年《中华苏维埃共和国司法程序》首次创立了诉讼再审制度，规定经过两级审判、不得上诉的案件，在检察员有不同意见时，可以提起抗诉进行再审。[②]《中央苏维埃组织法》也明确了对已经两级审判的案件，如有不同意见，依然可向司法机关提出抗议，再审一次。[③]

---

① 参见尤志安：《清末刑事司法改革研究——以中国刑事诉讼制度近代化为视角》，中国人民公安大学出版社 2004 年版，第 140 页。

② 参见王燕：《民事抗诉程序的价值定位及改革对策》，载《人民司法》2006 年第 8 期。

③ 蔡长春：《苏维埃时期“检察档案”见证红色检察开端》，载《法治日报》2021 年 5 月 14 日，第 8 版。

中华人民共和国成立初期，党领导人民先后组织制定、颁布实施了《中央人民政府最高人民检察署试行组织条例》（1949 年）、《人民法院暂行组织条例》《人民检察署暂行组织条例》（1951 年）、《人民法院组织法》《人民检察院组织法》（1954 年），对审判机关、检察机关的性质、职权、领导体制、内设机构及职责等作出规定，其中都有关于监督纠错的再审制度的规定，但尚未规定当事人的申诉权，只规定各级审判和检察机关的监督纠正权。[①] 此后，从 1956 年到 1979 年的 20 多年间，刑事申诉工作先后大致经历了人民接待工作、信访工作、告诉申诉工作等历史时期，直至 1979 年第五届全国人民代表大会第二次会议通过的《刑事诉讼法》明确赋予当事人、被害人及其家属或者其他公民的刑事申诉权，并在 1996 年、2012 年、2018 年经过三次修正后，包括刑事申诉制度在内的审判监督程序得到进一步健全完善。

（四）刑事申诉制度的现实意义

我国的千年法制史沿袭承用了刑事申诉制度，当今世界也都对刑事申诉制度作出规制，无论从历史还是现实的维度考察，刑事申诉制度都在实现公平正义、稳定社会秩序等方面具有不可或缺的作用。

1. 有利于维系和实现社会公平正义。培根曾说，“一次不公正的审判会导致比多次坏行为更大的损坏结果。这些坏行为仅仅是污染了水流，而不公的审判却是损毁了水源”。在违法犯罪的繁杂性、侦查技术的限定性、个案证据的差异性、人员能力的差别化等多种因素的交叉作用下，寄希望于刑事裁判结果正确无误并与真实的案件事实完全契合是不现实的，也违背了客观规律。基于发现司法错漏、纠正错误裁判、拔高案件质量、确保法律公正、保障合法权益等目标任务，我国创设了刑事案件的事后申诉制度，主要用于裁判生效后的补正挽救。根据《刑事诉讼法》等法律规定，刑事申诉制度向当事人及其法定代理人、近亲属等利害关系人授予申诉的权利，他们通过向审判机关或检察机关提起刑事申诉，经司法机关审查办

① 参见蔡定剑：《中国法制建设五十年回顾》，载《人民检察》1999 年第 10 期。

理后开启纠错程序，使原本受损的合法权益得到修补和恢复，体现个案办理的公正。司法公正并非虚无缥缈的法理学概念，亦不是苍白无力的司法呐喊，它浸润在每一起个案之中，个案的公平正义是司法公正的基石。正因如此，刑事申诉制度为实现个案的公正注入了更丰富的内涵和希望，也为维系社会的公平正义创造了更多的机会和可能。

2. 打造正义规范的司法氛围。司法机关的司法权如何得以准确而又规范地行使，这是达成司法公正的应有内涵。当相关主体在刑事诉讼活动中已穷尽其他司法救济途径，却仍然无法满足自身诉求时，刑事申诉制度便有了用武之地，其能够以提供特别救济举措的方式满足维护合法权益、感受司法正义的需求。司法实践中办案人员权力不受制约、违法违规办案等情况偶有发生，人情、关系和金钱的掺和是对司法公正的严重破坏。申诉制度无疑对查纠冤错、彰显公正具有极大的促进作用，它一方面倒逼司法机关聚焦司法规范性，另一方面倒逼办案人员持续强化业务水平。提升查找冤错的概率能够督促司法工作人员规范、文明、理性、平和地开展司法活动，无差别实现对任意当事人合法权益的保障，让司法活动经得起历史的考验，辨明是非、抑恶扬善、维护公正，实现法理情的相互交融，弱化专业性不足可能引发的司法不公，打造良善有序的司法环境。

3. 止息纷争以彰显司法权威。中国古代社会中所谓的申诉并没有一整套规范高效的制度，赴京告状、登闻直诉等封建思想已深入人民群众朴素的价值观之中，时至今日，通过极端申诉、跨级申诉、多次申诉等方式向司法机关施加压力，企图引发舆潮进而干预司法、实现诉求，此类现象仍屡见不鲜。蕴含现代法治理念的刑事申诉制度为当事人打开了一条全新的反映诉求、消融纷争的路径。审查办案和启动再审作为现代刑事申诉制度的两个不同阶段，在司法实践中可谓泾渭分明，由于各种因素的叠加影响，仅有少部分的案件才能突破审查办案进入再审程序中，大部分的案件止步于审查办案这一环节。司法机关对申诉诉求的不同处理结果凸显了申诉制度的多元化。刑事申诉中的选择性救济规则使得大部分不符合再审条件的案件被排除在外，这主要是出于司法资源、成本和效率等方面的考虑。当然，对刑事申诉作出终结性的审查处理也是一种为了减少无理、反复、多次申诉，确保司法权威的重要举措。

三、检察环节刑事申诉制度的新发展

2018 年全国人民代表大会修正《刑事诉讼法》后，最高人民检察院、最高人民法院相继在 2019 年、2020 年、2021 年公布了《人民检察院刑事诉讼规则》(以下简称《刑诉规则》)、《人民检察院办理刑事申诉案件规定》(以下简称《刑申规定》) 和《最高人民法院关于适用〈中华人民共和国刑事诉讼法〉的解释》(以下简称《刑诉解释》)，针对发展中的社会现实和法律环境，进一步改革完善了刑事申诉制度。

（一）刑事申诉主体范围的法律限定

法律对刑事申诉主体作了明确规定，但最高人民法院与最高人民检察院有关案外人行使刑事申诉权的司法解释不尽相同。《刑事诉讼法》第 252 条规定，“当事人及其法定代理人、近亲属，对已经发生法律效力的判决、裁定，可以向人民法院或者人民检察院提出申诉”。显而易见，刑事申诉的适格主体具有明确、具体、严格的限制性规定。最高人民法院对刑事申诉的适格主体作了一定的扩大解释。《刑诉解释》第 451 条第 1 款、第 2 款规定：“当事人及其法定代理人、近亲属对已经发生法律效力的判决、裁定提出申诉的，人民法院应当审查处理。案外人认为已经发生法律效力的判决、裁定侵害其合法权益，提出申诉的，人民法院应当审查处理。”在当事人及其法定代理人、近亲属之外，最高人民法院允许有利害关系的案外人向人民法院提出对生效刑事判决、裁定的申诉。最高人民检察院则严格遵循了《刑事诉讼法》有关申诉人范围的规定。《刑诉规则》第 593 条第 1 款规定：“当事人及其法定代理人、近亲属认为人民法院已经发生法律效力的判决、裁定确有错误，向人民检察院申诉的，由作出生效判决、裁定的人民法院的同级人民检察院依法办理。”《刑申规定》第 12 条第 3 项规定，“申诉人是原案的当事人及其法定代理人、近亲属”。因此，不服人民检察院诉讼终结的刑事处理决定或者人民法院已经发生法律效力的刑事判决、裁定，向检察机关提出刑事申诉的适格主体仅仅是当事人及其法定代理人、近亲属，案外人提出的申诉不符合检察机关的受理条件。

1. 当事人。当事人是由于实体法上的权益发生纠纷，或与特定的法律事实有直接关系而进入诉讼，并受法院裁判或检察决定拘束的人。在不同的诉讼程序和诉讼阶段中，当事人的范围和称谓有所不同。在刑事诉讼中，当事人是与刑事案件事实和诉讼结果有切身利害关系，并在诉讼中处于原告或被告地位的人，包括自诉人、刑事附带民事诉讼的原被告、犯罪嫌疑人、被告人以及被害人。其中，涉众型非法集资案件被害人的法律主体地位认定是刑事申诉司法实践中的难点和争议点。

对于非法吸收公众存款、集资诈骗等犯罪中的资金投入者，早前的刑法理论及司法实务一般笼统地称为被害人，但此“被害人”并不是严格意义上刑事诉讼程序中的被害人，而是指投入资金后的利益受损人，其指向更多的是一种经济利益关系而非法律主体关系。[①] 2014 年，“两高一部”颁布施行的《关于办理非法集资刑事案件适用法律若干问题的意见》（公通字［2014］16 号）对此作出诉讼规范上的界定，首次以司法解释的形式提出“集资参与人”这一全新概念，取而代之以前的“被害人”说法。2019 年，“两高一部”联合印发《关于办理非法集资刑事案件若干问题的意见》，该意见第 10 条第 1 款明确规定，“集资参与人，是指向非法集资活动投入资金的单位和个人，为非法集资活动提供帮助并获取经济利益的单位和个人除外”，进一步释明集资参与人并不能简单地等同于刑事诉讼中的被害人。2021 年，国务院公布的《防范和处置非法集资条例》（国务院令第 737 号）第 25 条第 3 款规定：“因参与非法集资受到的损失，由集资参与人自行承担。”由于集资参与人并不是诉讼法上的规范概念，其诉讼地位与相应的诉讼权利仍有待研究与明确。各地检察机关在办理非法集资刑事案件的过程中，允许集资参与人参与诉讼的程度与行使诉讼权利的范围亦有较大差异。一般地，基于集资参与人因集资活动遭受了财产损失，案件处理的结果对于其能否挽回损失有直接利害关系的现实，为了维护其合法权益，可以根据案件的具体情况，允许其在返还集资款的相关请

① 参见刘宪权：《金融犯罪刑法学原理》，上海人民出版社 2020 年版，第 506 页。

求权和知情权范围内行使被害人的部分诉讼权利，但对由于集资收益未实现等原因，要求行使刑事被害人诸如阅卷、申诉等相关诉讼权利的，检察机关一般不应支持。

2. 法定代理人。法定代理人是根据法律规定，代理无诉讼行为能力的当事人进行诉讼，直接行使诉讼代理权的人。无诉讼行为能力的公民进行诉讼活动只能由其监护人为法定代理人代理其进行诉讼活动。法定代理人是全权代理，其法律地位相当于当事人，其代理权限不受限制，可以行使被代理人享有的全部权利。法定代理人不是当事人，属于诉讼参与人中的其他诉讼参与人。实体权利（即具体的裁判内容赋予当事人的权利）的享有者和实体义务（即具体的裁判内容加诸当事人的义务）的承担者只能是当事人，法定代理人仅仅在诉讼过程中代为行使一些程序性的权利；并且无诉讼行为能力的公民之监护人若丧失了监护权，其法定代理人的资格同时丧失。

法定代理人的代理权与当事人的意志无关，其设定的初衷是为了实现对无民事行为能力人或者限制民事行为能力人的有效保护。《民法典》第23条规定，无民事行为能力人、限制民事行为能力人的监护人是其法定代理人。由此可见，法定代理人这一规定是源于监护与被监护双方之间的血亲、家庭、婚姻等特殊关系而存在的。如果被监护方已经具有了民事行为能力，又或者监护与被监护双方之间的特殊关系已然不复存在，那么法定代理权就理应立即终结。刑事诉讼中的法定代理一般适用于精神病人、未成年人和其他无诉讼行为能力的人。未成年人的监护人可由其父母担任，这无可厚非，除此以外，（外）祖父母、长姐、兄长，乃至关系密切的亲朋好友、未成年人父母所属单位以及未成年人住所地的居（村）委会、民政部门皆可担任。精神病人的监护人理应包括配偶、父母、成年子女，除此以外，其他相关的近亲属、关系密切的亲朋好友、精神病人所属单位或住所地的居（村）委会、民政部门也可担任。法定诉讼代理人参加诉讼权的取得是基于法律所规定的监护关系。《刑事诉讼法》第108条第3项明确规定，"'法定代理人'是指被代理人的父母、养父母、监护人和负有保护责任的机关、团体的代表"。

3. 近亲属。近亲属在民事和刑事领域的含义不可一概而论。《民法典》婚姻家庭编中的亲属是法律意义上的亲属，指具有婚姻、血缘或者法律拟制血亲关系，受法律调整的彼此具有一定权利和义务的自然人。[①] 近亲属范围的限定，纵观世界各国立法，通常存在两类方式：一类是首先从理论上给出高度凝练的标准定义，再结合亲属的关系远近、不同种类等要素对该立法的效力层次作出规定，这类可称为总体概括式界定法；另一类是个别适用性限定法，即法律根据不同法律关系的需要，对亲属的法律效力作出具体的规定。我国采用的是个别适用性限定法，《民法典》第 1045 条第 2 款规定，“配偶、父母、子女、兄弟姐妹、祖父母、外祖父母、孙子女、外孙子女为近亲属”。

刑事范畴的近亲属范围较之于民事范畴明显狭窄。《刑事诉讼法》第 108 条第 6 项明确规定，“‘近亲属’是指夫、妻、父、母、子、女、同胞兄弟姊妹”，排除了（外）祖父母、（外）孙子女。需要注意的是，申诉不同于上诉。《刑事诉讼法》规定，上诉时，近亲属只有在被告人同意的情况下才可以上诉；但对于申诉，近亲属享有独立的申诉权，进行申诉时无须被告人的同意。

总而言之，根据现行法律和司法解释的规定，只有原案的当事人及其法定代理人、近亲属，才能向检察机关提出刑事申诉；其他人即使和案件处理结果具有直接的利害关系，也并不当然地具有刑事申诉的主体资格。

（二）刑事申诉审查、复查期限的延长

“迟来的正义非正义。”效率和公正的辩证关系一直是刑事诉讼研究的重点课题，伴随时代的变迁、理念的演化，刑事申诉的审查、复查期限也经历了一个从原则到具体、从既要公正又重效率再到公正优先、兼顾效率的发展过程。

1. 公正与效率并重的历史发展期。1979 年及其后颁布的《刑事诉讼法》和相关司法解释，在一段时期内规定了再审期限，却没有明确规定刑

---

① 参见金眉：《论中国特色婚姻家庭法的制度建构》，载《南京社会科学》2019 年第 11 期。

事申诉的审查、复查期限，只是申明了刑事申诉审查、复查质量和效率并重的司法理念。1984 年，全国人民代表大会常务委员会公布的《关于刑事案件办案期限的补充规定》（已失效）指出，“刑事诉讼法根据尽量缩短办案期限、保障公民人身权利的精神，对刑事案件规定的办案期限是适当的、正确的，公安、司法机关应当继续改进工作，提高办案质量和工作效率，认真按照刑事诉讼法规定的办案期限执行，并且实事求是地尽可能缩短办案期限”。

“缩短办案期限”背后折射出特定年代对刑事诉讼经济效益价值也就是司法效率的追求。自 1978 年年底开始，短短数年间上千万知青陆续返城，城镇就业形势极其严峻。据统计，到 20 世纪 70 年代末 80 年代初，90% 以上的知青返城，加上原有待业和新成长的劳动力，城镇待业人员总数超过了 1500 万人，城市里短时间内积累了大量的无业游民。与此同时，社会闲散人群中也滋生出许多游手好闲、打砸抢烧的犯罪分子。1982 年，全国刑事立案 74 万起，其中大案 6.4 万件，像“东北二王”“六一六”等恶性案件更是在社会上造成了恶劣影响。为了整顿社会治安，党中央决定从 1983 年 8 月起开展“严打”行动，并一直持续到 1986 年 10 月，历时 3 年零 2 个月。按照“从严从重从快”的严打方针，全国人大提出“实事求是地尽可能缩短办案期限”，并决定下放部分死刑复核权。三年“严打”时期，19.7 万个犯罪团伙纷纷落网，87.6 万个团伙成员被抓获归案，抓捕了 177 万余名犯罪分子，并对 174 万余名罪犯判处刑罚，开展劳动教养的人数都有 32.1 万人之多。其中，第一阶段抓捕的人数高达 102 万余人，累计有 2.4 万人被判处死刑，有力地打击和震慑了各种犯罪活动。[①] 到 1984 年，全国立案数量立竿见影下降到 51 万件，特大案件已经比较少见。“严打”结束后，全国社会治安形势明显好转、群众法治观念明显增强、法律权威进一步树立，刑事诉讼较好地实现了“投入尽可能少的司法资源却又解决尽可能多的纠纷”的司法效率价值。这一时期，刑事申诉审查、复查

---

① 参见周斌：《1983 年“严打”拉开序幕　改革开放后空前猛烈的司法风暴》，载《国家人文历史》2013 年第 16 期。

虽没有明确的期限规定，但优化提升司法效率的意识普遍得到强化。

近现代刑事诉讼追求的是一种多元目标兼容的价值目标体系，通过刑事诉讼不仅要在查明事实的基础上惩罚和控制犯罪，维护社会的秩序和安全，还要降低诉讼成本、提高诉讼效益，不能简单地为了发现实体真实而不计成本、不惜代价地投入司法资源。在实体真实必然受到诉讼效益价值目标制衡的现实中，理性的刑事诉讼程序设计和运作必须具备一定的经济合理性，既要遵循成本投入最少而产出最大的效益规律，还要尽可能地消除司法中的不确定性，防止案件久拖不决。基于这一诉讼价值的指引，最高人民检察院在2014年公布施行的《人民检察院复查刑事申诉案件规定》（已失效）中，首次对刑事申诉的审查、复查期限作出规范。第24条第1款规定了审查期限，“审查刑事申诉，应当在受理后二个月以内作出审查结案或者立案复查的决定”；第36条第1款明确了复查期限，“复查刑事申诉案件，应当在立案后三个月以内办结。案件重大、疑难、复杂的，最长不得超过六个月”。据此，一般的刑事申诉办案期限从受理到审查、复查作出结论不超过5个月，重大、疑难、复杂案件不超过8个月，且没有复查延长期。

2. 公正与效率辩证统一的新时代。随着时代的发展进步，建设更加公正高效权威的社会主义司法制度，健全完善刑事申诉制度必须更加深刻、更加准确地理解和把握质量、效率、效果的辩证关系，积极回应新时代人民群众对效率，以及对公平、正义的越来越高的要求，实现质量、效率、效果的有机统一。习近平总书记在参加十四届全国人大一次会议江苏代表团审议时强调：“必须更好统筹质的有效提升和量的合理增长，始终坚持质量第一、效益优先，大力增强质量意识，视质量为生命，以高质量为追求。”① “必须坚定不移深化改革开放、深入转变发展方式，以效率变革、动力变革促进质量变革，加快形成可持续的高质量发展体制机制。”② 这一

① 陈建奇：《更好统筹质的有效提升和量的合理增长》，载《人民日报》2023年5月17日，第9版。

② 吴萨：《以效率变革、动力变革促进质量变革》，载《人民日报》2023年5月18日，第9版。

重要论述，为发展质量、效率、效果有机统一的刑事申诉制度提供了根本遵循。效率作盾、效果当先、质量保本是刑事申诉高质效办理的三大体现，也是推动实现公平正义的三大法宝。办案效率乃公平正义之护盾。“迟到的正义非正义”是对办案效率的完美诠释，效率低下会动摇社会公众对司法公正的坚定信念，于悄无声息中侵蚀党的执政根基。相反地，如果过度追求效率而忽视质量，将会导致频繁出错、质量堪忧，形成“木桶效应”。效率理应是在保证质量基础上的适度效率。办案效果不仅是办案质量的综合映射，而且体现了以人民为中心的司法理念，因为司法办案的效果好不好终究需要社会公众作出评价。办案质量是实现司法公平正义的根本，以质量保权益、以质量促公正、以质量稳发展，方能扭转“纸上谈兵”为“沙场点兵”。效率高、效果好、质量佳三者之间呈现既对立统一又相互制约的微妙关系，应当全面把握。

遵循“质量、效率、效果相互联系、相互制约又内在统一”的原则。最高人民检察院 2020 年新公布的《刑申规定》，从有利于纠正冤假错案的实际出发，统筹考虑刑事申诉案件陈年旧案多、时间跨度长，案情争议多、意见分歧大，审查办理难、息诉服判难等特点，在兼顾效率的同时合理延长了刑事申诉的审查、复查期限。第 23 条第 1 款规定，“控告申诉检察部门审查刑事申诉案件，应当自受理之日起三个月以内作出审查结案或者移送刑事检察部门办理的决定”，既赋予控告申诉检察部门审查职责，又明确了 3 个月的审查期限。第 23 条第 2 款规定，“刑事检察部门对移送的刑事申诉案件，应当自收到案件之日起三个月以内作出审查结案或者进行复查的决定”，把原来两个月的审查期限延长了一个月。第 36 条第 1 款规定，“复查刑事申诉案件，应当自决定复查之日起三个月以内办结。三个月以内不能办结的，报检察长决定，可以延长三个月”，普通案件在延长 3 个月的复查期限后，确定了最长 6 个月的复查期。此外，对重大、疑难、复杂案件还专门规定了审查、复查的特别延长期限，分别在第 23 条第 3 款、第 36 条第 2 款规定，报检察长决定后可以延长期限。这种更加灵活的期限规定在实务中更有利于保证案件质量和办案效果。由于当事人提出的刑事申诉并不必然地引发再审，必须经过人民法院或人民检察院的审查特别是复查后，认为确有错误的才能启动抗诉或者再审程序，面对刑事申诉案件审查、复查周期比较长的实际，灵活的期限规定能最大限度地贯彻“不枉不纵”“实事求是”“有错必纠”的诉讼理念，亦能在兼顾司法效率的同时最大限度达成刑事诉讼法的根本使命，使无辜者免受追究、使有罪者受到应有的惩罚。

（三）刑事申诉异地审查制度的建立规范

1. 异地审查制度的确立。刑事申诉是司法活动防错纠错的最后一道关口，为了进一步提升刑事申诉案件办理质效、减少案外因素对审查、复查工作造成的影响，最高人民检察院在 2017 年制定了《人民检察院刑事申诉案件异地审查规定（试行）》（以下简称《异地审查规定》）。最高人民法院也在研究总结异地审查纠正“聂树斌案”等冤假错案司法实践经验后，在 2021 年施行的《刑诉解释》中确认了人民法院异地审查刑事申诉案件机制，第 454 条规定，“最高人民法院或者上级人民法院可以指定终审人民法院以外的人民法院对申诉进行审查”。刑事申诉异地审查制度确立后，刑事诉讼程序维护司法公正、保障当事人合法权益、强化监督制约的作用得到进一步强化，但人民检察院在适用范围、办案程序、处理方式等方面保留了鲜明的检察特色。①

2. 适用范围。在适用范围上，《异地审查规定》第 2 条对级别管辖、案件类型、适用条件作出具体规定。首先，在级别管辖层面，异地审查制度的适用机关固定且适用范围有限，也即省级检察机关对不服下一级检察机关刑事申诉处理决定提起的申诉、不服同一级法检作出的裁判和决定提起的申诉，此两种情形才可以经最高人民检察院指令后，由其他省级检察院审查办理。② 省级、地市级检察机关没有对下级检察机关承办的刑事申诉案件发号指令开展异地审查的明确授权。其次，纳入异地审查适用范围

---

① 参见王士春、唐守东：《刑事申诉异地审查制度应予构建》，载《人民检察》2016 年第 2 期。

② 参见尹伊君、罗庆东、高锋志：《〈人民检察院刑事申诉案件异地审查规定（试行）〉解读》，载《人民检察》2018 年第 1 期。

的案件类型几乎实现了全面覆盖。不仅包含不服法院生效刑事裁判的申诉案件，而且也包含不服检察机关诉讼终结刑事处理决定的申诉案件。但第14条规定，“被害人不服地市级人民检察院作出的不起诉决定，在收到不起诉决定书后七日以内提出的申诉”，不适用异地审查制度。最后，异地审查适用条件限定了“两道闸”。开展异地审查的基础要求是“原处理决定、判决、裁定有错误可能”。这里的“错误可能”包含三个方面的内容，其一适用法律方面，其二诉讼程序方面，其三事实认定方面。但审查没有发现错误可能的案件，也就是经初步审查认定原处理决定、法院裁判并无不当的案件无法适用异地审查制度。除了前提条件外，《异地审查规定》还明确了适用的5种具体条件，一是应受理而不予受理或受理后经督促仍拖延办理的，二是办案中遭遇阻力较大，可能对公正处理带来不利影响，三是具有回避等法定事由，申诉人对管辖地省级检察机关公正办案存有疑虑，四是由于申诉人长期信访，可能对案件公正处理造成负面影响，五是基于应对司法实践中可能存在的新问题、新情况而制定的兜底条款。

3. 适用程序。在适用程序上，《异地审查规定》具体规范了启动、决定和申诉人权利保障等程序。异地审查要依职权或申请启动。对有错误可能，并符合具体条件的刑事申诉案件，最高人民检察院可以直接决定或根据省级检察院的报请启动异地审查。此外，根据第4条的规定，申诉人享有启动申请权，“申诉人可以向省级人民检察院或者最高人民检察院申请异地审查”。需要注意的是，检察实务中应当对照“错误可能”和5种具体条件审查申诉人提出的关于开展异地审查的申请，进而明确能否提请适用或者决定适用该制度。刑事申诉案件异地审查的决定权应当由最高人民检察院检察长或检察委员会行使，第2条规定，“经检察长或者检察委员会决定，可以指令由其他省级人民检察院进行审查”。对省级检察院提请最高人民检察院异地审查刑事申诉案件的提请决定权，虽然没有明确规定，但是根据《人民检察院组织法》有关决策程序的要求，也应当由省级检察院的检察长或检察委员会决定。《异地审查规定》强化了申诉人的权利保障，不仅规定了启动异地审查的申请权，还赋予了异地审查的同意权，该规定第5条规定：“省级人民检察院拟提请或者最高人民检察院拟决定刑事申诉案件异地审查，申诉人未提出申请的，应当征得申诉人同意”。对申诉人的知情权也给予全方位的保障，无论是最高人民检察院、省级检察院有关决定或提请异地审查的，又或是最高人民检察院是否同意复查处理意见的，还是最终的复查结果，都明确规定了通知申诉人的责任主体、期限和形式。

4. 审查处理。针对不服检察机关诉讼终结的刑事处理决定、不服审判机关生效刑事裁判两种不同的申诉案件，《异地审查规定》在复查终结处理上也作出了不同规定，并明确异地审查的省级检察院都应当立案复查，自收到异地审查指令之日起，审查期限开始重新计算。在省级检察机关对不服检察机关诉讼终结的刑事处理决定提出的申诉案件开展异地审查并办结后，最高人民检察院可以视情况分别作出 4 种不同的处理决定，第一、二种是同意省级检察机关维持原决定或撤销变更原决定，应当指令作出维持或撤销变更的决定，也可以径行作出撤销变更的决定，第三种是不同意省级检察机关的复查处理意见，此种情况最高人民检察院应该直接立案复查并履行相关书面告知义务，第四种是认为省级检察机关的复查意见存在事实不清、理由不足、意见不明等情形，可以发回重新审查或径行立案复查。需要注意的是，不服检察院诉讼终结刑事处理决定的最终决定机关只能是最高人民检察院。第 9 条规定：“对不服人民检察院诉讼终结刑事处理决定的申诉案件，异地审查的省级人民检察院复查终结后应当提出复查处理意见，经检察委员会审议决定后，报请最高人民检察院审查。”无论异地审查的省级检察院作出维持、撤销、还是变更的复查意见，都应报请最高人民检察院审查处理。在处理决定主体上，由于原管辖检察院与异地审查检察院之间不具有隶属关系，且一旦经过刑事申诉复查，最终决定对不批捕和不起诉决定进行撤销，那么后续的一系列诉讼进程一般都离不开原管辖地侦查机关的支持配合，正因如此，作出处理决定并出具相关法律文书的主体是原管辖检察院及其上级检察院。针对不服审判机关生效刑事裁判的申诉案件，开展异地审查工作的省级检察机关行使的权力是复查终结处置权，但是对于应当抗诉的，应在最高人民检察院审查并作出抗诉决定后再制作刑事申诉复查通知书并出具给申诉人；对无须抗诉的，只要在通知申诉人时报告最高人民检察院。第11条明确规定，对不服审判机关生效刑事裁判提出申诉的案件，开展异地审查工作的省级检察机关在复查终结后应当分两种情形作出相应处理，如果认为需要提出抗诉，那么应当经检委会审议后提请最高人民检察院抗诉，待最高人民检察院作出是否抗诉的决定后履行制发、抄送刑事申诉复查通知书的职责；如果认为不需要提出抗诉，也应当经检委会审议，待审议通过后履行制发、抄送和报送刑事申诉复查通知书的职责。

（四）刑事申诉公开听证制度的优化完善

1. 公开听证制度的确立。检察听证是践行以人民为中心，以“程序正义”促“实体公正”的创新履职。[①] 回望2000年5月，最高人民检察院就研究制定了《人民检察院刑事申诉案件公开审查程序规定（试行)》（以下简称《刑申公开程序（试)》），但遗憾的是没能在实务中真正全面铺开。《刑申公开程序（试)》第3条将公开听证作为刑事申诉案件开展公开审查的重要方式，并在第4条规定不服检察机关撤案、不批捕、不起诉等决定的申诉，不服审判机关执行结束的刑事裁判的申诉，被害人不服审判机关正在执行的刑事裁判的申诉等，均可举行听证会。但由于理论界、实务界对不服法判类刑事申诉案件能否由检察机关举行公开听证会争议较大，认为只有通过启动审判监督程序才可能对确有错误的刑事判决、裁定予以纠正，检察机关无权作出终局性决定。退一步，即使检察机关通过审判监督程序提出抗诉，法院重审后也可能维持原判。如果公开听证与重新审判结果不一致，不仅很可能严重损害司法权威，也易引发新的更多更大的社会矛盾，因此检察机关不宜对不服法判类刑事申诉案件组织公开听证。而且，公开听证结果在检察机关内部的实质性法律效力也没有明确保障，《刑申公开程序（试)》仅规定，复查案件的承办人应当以法律规定、案件事实、在案证据为根据，以听证评议意见为必要依据，对案件处理提

---

① 参见闫晶晶、谷芳卿：《以公开听证提升刑事申诉办案公信力》，载《检察日报》2022年8月30日，第3版。

出相应意见后报请检察长决定，因此在实践中几乎没有对不服法判类刑事申诉案件举行过公开听证会，对不服检决类举行的公开听证也很少。

2. 公开听证范围的变化发展。2012 年最高人民检察院印发《人民检察院刑事申诉案件公开审查程序规定》（以下简称《刑申公开程序》），同时废止《人民检察院刑事申诉案件公开审查程序规定（试行）》。《刑申公开程序》第 4 条规定了公开审查的四种不同方式，即公开示证、答复、论证和听证，并确定个案的公开审查既可以单一采取某一种方式，也可以视情况博采众长、多种方式并用。但在第 2 条有关公开审查案件范围的规定中，排除了对不服法判类刑事申诉案件召开公开听证的可能性，将公开审查的范围限定在不服检察机关处理决定而提出申诉的案件。此后一个时期，检察实践中不再对不服法判类刑事申诉案件组织公开听证，但理论界的研究探讨从未停歇。

经过近 20 年的探索，最高人民检察院于 2018 年 5 月下发《关于深入推进刑事申诉公开审查专项督查活动的通知》，提出全国四级检察机关刑事申诉检察部门应秉持“适宜公开则一律公开”的工作理念，不断强化刑事申诉案件的公开审查力度，并将适合公开审查的案件范围从刑事申诉案件拓展延伸至国家赔偿或赔偿监督、国家司法救助等多种申诉类案件。两年以后，最高人民检察院又相继发布《人民检察院办理刑事申诉案件规定》、《人民检察院审查案件听证工作规定》（以下简称《听证工作规定》），分别在第 6 条、第 4 条再次明确可以对刑事申诉案件组织公开听证。并在《刑申规定》第 2 条重新对刑事申诉案件的范围作出清晰界定，不服检决类和不服法判类刑事申诉案件均在公开听证的范围内。至此，从检察层面可否对不服法判类刑事申诉案件组织公开听证的争议得到平息。自《听证工作规定》公布以来，特别是近三年，根据最高人民检察院“应听证尽听证”的工作要求，各级检察机关对刑事申诉案件组织听证进入，实现了案件范围的全覆盖，也取得了良好的政治效果、社会效果与法律效果。

3. 公开听证方式的变化发展。《听证工作规定》在总则中把听证分为公开听证和不公开听证，规定“刑事申诉案件……的听证会一般公开举行。审查逮捕案件、羁押必要性审查案件以及当事人是未成年人案件的听证会一般不公开举行”，确立了公开为主、不公开为例外的基本原则。在司法实践中，公开听证广泛应用于矛盾化解、析法明理、申诉办案等场景，集中彰显了听证的司法为民价值和定分止争作用。《听证工作规定》共用 4 章 23 条，规范了听证范围、方式、适用标准、听证会参加人和听证会程序等具体事项，为全方位彰显听证在办理刑事申诉案件中的关键作用，全视角呈现检察机关履行法律监督职责、促进和谐社会发展、推动社会治理法治化的积极作为提供了制度保障。其中有关听证程序启动和听证结果效力的规定均有新的突破。

《听证工作规定》第 9 条规定：“人民检察院可以根据案件办理需要，决定召开听证会。”……听证程序的启动明确由检察机关根据案件办理需要自行决定。而之前的《刑申公开程序》第 14 条规定：“人民检察院征得申诉人同意，可以主动提起公开审查，也可以根据申诉人及其委托代理人的申请，决定进行公开审查。”也就是此前启动听证程序，申诉人的同意或申诉人及其委托代理人的申请是前置的必要条件，检察机关并没有独立的启动听证程序的决定权。按照《听证工作规定》的新规定，申诉人无论是否同意举行听证活动，也无论是否参加听证活动，检察机关均可根据案件办理需要自行决定举行听证。其实，作为司法活动的一种形式，听证是由检察机关和检察干警依照法定职权和法定程序，具体运用相关法律处理刑事申诉案件的专门活动。检察机关在听证程序中既要依法保障申诉人的合法权利，但也理应依法独立地行使检察权。对于是否启动听证程序的判断标准本应来自案件本身，也就是办理案件的实际需要。而且，从保持依法独立行使司法职权、维护法治权威的角度出发，检察机关行使职权不应也不能受申诉人或其他人个人意志的干涉。虽然检察机关具有启动听证的决定权，但是在申诉人心生怀疑，不愿支持、配合甚至强烈抵制检察机关举行听证活动的情况下，检察机关虽然可以依法独立地决定启动听证程序，但也应尽最大的努力争取申诉人的支持与配合。[①] 司法实践中，有的

---

① 参见姚红文：《博弈论视野下的刑事申诉案件公开审查制度》，载最高人民检察院刑事申诉检察厅编：《刑事申诉检察理论与实务研究》，法律出版社 2014 年版。

刑事申诉人因信息不对称或者对法律的理解错误，对检察机关心存疑虑、抱有抵触情绪；甚或是从个人利害出发，要求听证必须支持其个人诉求，否则就坚决地抵制举行公开听证，给听证工作带来许多困难和障碍。一方面，如果申诉人无法定理由或合理原因拒不支持、配合举行听证的，但检察机关认为案件确有必要，即可以自行决定启动听证；另一方面，检察机关在举行听证前也应尽可能地争取申诉人的支持与配合，"积极争取地方党委、政府等部门的支持配合，形成合力，共同化解矛盾纠纷"，[①] 从而保证听证的顺利举行。

4. 公开听证结果的法律效力。刑事申诉听证结果的法律效力经历了一个从无到有、逐步优化完善的发展过程。最初《刑申公开程序（试）》没有赋予听证结果实质性的法律效力，显露出"轻实体、重程序"的倾向。第 33 条仅规定："复查案件的承办人应当根据已经查明的事实、证据和有关法律规定，以听证员的听证意见为重要依据，提出对案件的处理意见，报检察长决定。"听证员的听证意见虽然是处理案件的重要依据，但并没有重要到"必须"的程度，当承办人对案件的处理意见和听证意见不一致时，最终的决定权仍由检察机关掌握。这种不具有实质性法律意义的听证，一定程度地限制了听证的预期效果，也影响了各方组织、参与听证的积极性。在赋予听证结果适当的法律效力成为听证必要性的关键因素后，经过长期深入的研究实践，《刑申公开程序》在重点关注听证形式功能的同时，开始探索性地回应听证制度原本所追求的实质公正价值，第 23 条从程序上对不采纳听证评议意见的情形作出规制性创新，"案件的处理意见与听证评议意见不一致时，应当提交检察委员会讨论"，听证结果开始在必要程序的保障下适度、具体地作用于检察决定。在《听证工作规定》施行后，"拟不采纳听证员多数意见的，应当向检察长报告并获同意后作出决定"，进一步申明了听证评议"一致意见"乃至"多数意见"对处理意见的规制约束作用，并将处理意见的决定权重新由检察委员会调整为检察

① 闫晶晶、谷芳卿：《以公开听证提升刑事申诉办案公信力》，载《检察日报》2022 年 8 月 30 日。

长，这样也更有利于理性、公正地应用听证评议结果，提升申诉人对案件处理结果的接受度，真正做到“以公开促公正”，实现“看得见”的司法正义。

第二章

刑事申诉证据的审查判断标准

刑事申诉中检察机关追求的价值目标与申诉人不同。检察机关办理刑事申诉案件，不仅要查纠错误的裁判和决定，而且还要维持正确的裁判和决定，从而达成对公民合法权益、廉洁公正司法、和谐稳定社会、正确统一法律的一体化保障目的。[①] 但申诉人提出刑事申诉主要是为了证明原决定、裁判确有错误，进而希望检察机关启动监督纠错程序重新确认其合法权益。两者在价值目标上的差异化追求，从认知层面导致了对刑事申诉证据标准的理解偏差。作为刑事申诉案件办理最基础、最重要的工作，审查判断证据首先就要“依法”确定证据审查标准。

《刑事诉讼法》第 253 条明确规定了法院应当重新审判的 5 种情形，简言之，一是新证据影响案件事实、定罪量刑，二是证据不确实充分、存在非法证据或矛盾证据，三是法律适用错误，四是程序违法可能影响公正，五是审判人员办案时存在贪污受贿、徇私舞弊、枉法裁判行为。可见需要刑事申诉证据证明的对象主要有三类，分别是认定事实错误、适用法律错误和诉讼程序违法。根据《刑事诉讼法》的规定，《刑诉解释》第 457 条和《刑诉规则》第 591 条分别对重新审理、提出抗诉的情形作出进一步解释，《刑申规定》第 20 条也对原处理决定和判决、裁定“错误可能”的审查重点作出规定，据此结合证明对象确定了检察机关审查判断原判决、裁定或者处理决定是否存在错误可能的 4 种证据审查标准，即新的

---

① 参见吴甘子：《刑事申诉阅卷应从反思证据开始》，载最高人民检察院官网，https：//www. spp. gov. cn/spp/ztk/dfld/202102/t20210223_ 512826. shtml。

证据、证据的确实充分性、非法证据排除和主要证据之间的矛盾。[①] 此外，根据证明对象的性质区别，还可以从检察实务上对实体性问题和程序性问题的证据确信标准作出区分。认定事实错误和适用法律错误属于实体性问题，应当坚持最高证明标准，严格对照客观性、相关性、合法性原则对原案证据和新收集的证据进行全面审查，以求准确判断原案认定事实和申诉理由是否成立、原处理结论是否正确。程序性问题的证据确信标准低于实体性问题，无须达到“已经”影响公正裁判的程度，只要查明存在违反法定程序的事实且“可能”影响正确裁判即可。

一、“新的证据”的认定——是否有新证据证明原裁判事实有错误，且存在对定罪量刑产生影响的可能性

《刑诉解释》第458条解读了“新的证据”的5种情形，具体包括原裁判生效后新发现的证据，原裁判生效前发现未曾收集的证据，原裁判生效前收集未予质证的证据，原裁判依据的鉴定意见、勘验检查等笔录被改变或否定，原裁判依据的被告人供述、证人证言等证据发生变化且影响定罪量刑、有合理理由。

1. 新的证据的形式审查。在审查判断“新的证据”时，首先要确定证据是否属于“新的”。刑事申诉案件中常常会同时出现三种证据，原审认定的证据、原审提出但未被采信的证据、刑事申诉阶段才出现的证据。如果申诉人提供的不是原判决、裁定生效后新发现的证据，也不是原判决、裁定生效前发现未收集或收集未质证的证据，只是原审提出但未被采信的证据，则不符合“新的证据”的认定标准。对于申诉人提供的发生变化的被告人供述、证人证言等证据，如果不影响定罪量刑，或虽影响定罪量刑但没有合理理由说明变化的原因，也不能被认定为“新的证据”。相反地，只要是在刑事申诉阶段才出现的证据，无论是因为原审中故意不提供、客观上没发现，还是原审中申请调取被拒绝后，在刑事申诉阶段才被检察机关调取或发现的，都应作为“新的证据”进行审查。

① 参见王庆民：《复查申诉案件如何采信证据》，载《人民检察》2004年第11期。

2. 新的证据的实质审查。“新的证据”理应与案件事实存在密切的关联性。在刑事申诉阶段，由于时间跨度久等缘由，可能会产生大量的新证据，但需要注意的是，这些所谓的原裁判生效后新发现的证据大多貌合神离，并非属于真正“新的证据”。一些“新证据”虽然能够证明原审在法律或程序适用上的错误，而且也具备在一些特殊情况下开启再审程序的功能，但是这些所谓的新证据终究还是无法与原审案件事实紧密贴合，仅仅印证了原审诉讼程序的不合法或者法律适用上的不当，因此也不能被认定为“新的证据”。比如，刑事申诉阶段才发现的违反从旧兼从轻原则、刑讯逼供等证据，即可直接按照《刑事诉讼法》第 253 条第 3 项、第 4 项的规定启动再审程序，并非按照第 1 项“新的证据”的规定进行再审。因此，为了与其他开启再审程序的事由划清界限，作为“新的证据”，其内涵被限定在与原审裁判认定的案件主要事实存在关联性这一范畴。

3. 新的证据的证明标准。“新的证据”的证明强度要达到双重标准。即使有了“新的证据”，也并不当然地能引起检察机关抗诉或撤销、改变原处理决定。只有足以证明原决定和判决、裁定所认可的事实确实存在错误，而且这种错误已经波及并对定罪量刑造成实质影响，此类“新的证据”方能启动再审程序。因此，在“新的证据”基本确认以后，先要重点审查是否对原决定和判决、裁定认定的事实产生影响。如果没有对原审事实认定产生实质影响，一般无须再作审查。只有“新的证据”能够证明原审认定的事实确有错误或存在矛盾时，才能进入有关评价定罪量刑影响度的审查环节。尤其是当“新的证据”证明物证、书证、鉴定意见、视听资料等客观性证据可能错误时，对定罪量刑影响的审查更是重中之重。一般情况下，“新的证据”如果影响事实认定，都会或多或少地影响定罪量刑，但倘若事实认定错误并不影响定罪量刑，那也不能必然地启动再审程序。比如，在故意杀人犯罪中，生效判决将作案工具“单片剪刀”错误地认定为“匕首”，虽然是事实认定错误但并不当然地影响定罪量刑。由于对不影响定罪量刑的事实认定错误启动再审没有实质意义，还会不合理地浪费司法资源，所以审查认定“新的证据”必须达到“可能影响定罪量刑”的程度。

二、定罪量刑证据的确实充分性审查——据以定罪量刑的证据是否不确实、不充分

定案的必要条件之一就是在案证据须达到确实且充分的法定标准。实际上，在对确实、充分深入剖析后可以发现，其与“质”“量”可以画上等号，具有相互契合的逻辑对应关系，只有符合“质”“量”标准的证据才能成为定案根据。《刑事诉讼法》第 55 条第 2 款从三个维度对何为确实、充分作出了高度凝练、可操性强的描述：一是从事实层面看，要求定罪量刑的事实必须都有证据能够证实；二是从证据本身看，应当历经严密的司法程序印证真实性；三是从全局角度看，案件中认定的所有事实必须能够形成高度的内心确信。[①] 从整体上把握，符合确实、充分标准的定案证据应当与待证的定罪量刑事实具有相关性，能够证明涉及罪名各个构成要件的具体事实，所有证据在进行综合系统审查后可以对待证事实得出排他的、确定的唯一结论，且符合法定程序的才能被采信。

1. 确实充分性审查。对照证据确实、充分的标准要求，刑事申诉案件证据审查发现的问题无外乎两种情形：其一，据以定案的证据中有与案件事实没有关联的证据，或证据来源不合法、形式不合法等情形，则不符合相关性和可采信性的标准，属于证据不够确实。其二，犯罪构成各个要件的事实中有一部分没有足够的证据加以证明，并未达到全案定罪量刑事实都有相应证据证明的程度；或者所有证据在总体审查后发现不能达到100%的肯定、无法得出确信无误的结论，即通过对在案证据的审查发现，案件事实有可能存在其他合理情形，则属于证据不够充分。[②] 按照证据“确实”“充分”的要求，无论原审证据存在确实性问题还是充分性问题，都会出现事实认定上的缺陷，进而可能导致案件定罪量刑事实认定有误，从而造成案件处理结果上的错误。

---

① 参见施雅倩：《刑事申诉案件证据审查与采信》，第十一届国家高级检察官论坛论文，2015 年 12 月于南宁。

② 参见王秀蓉：《浅析刑事申诉案件立案条件之一——“原处理结果有错误可能”之事实认定的错误可能》，载《法制与社会》2009 年第 14 期。

2. 确实性审查。证据确实要求“据以定案的证据均经法定程序查证属实”，相应地，依照法定程序审查刑事申诉案件证据应当查明两点：一是否查证，二是否属实。一般地，案件证据在进入刑事申诉阶段前，都经历了多个诉讼环节，从证据形式到证据的提供、收集、审查，以及庭审中的示证、质证，都经过多道程序、多个承办人的审查把关，很少出现未经法定程序查证的情形。但是，按照刑事申诉全面审查原案证据的原则，仍应对证据形式和采集程序，特别是法庭出示、辨认证据等查证情形进行全方位审查，如果发现存在未经法定程序查证的证据，则可认定原案证据达不到确实性要求。检察实务中，确实性问题的审查重点大都集中在证据的真实性方面，也就是证据是否虚假不属实。证据是否虚假不属实，主要可以从证据来源、收集制作过程、主体资质身份以及证据间的相互印证程度等角度进行审查。一般像鉴定人不具备法律资质、搜查笔录缺少见证人签字等证据收集制作过程中的形式违法问题比较容易发现并进行处理，实践中审查难度大、比较多见的是申诉人对被害人陈述、证人证言真实性提出的质疑。对此，可以综合运用客观性证据和主观性证据进行对照审查，进而鉴别判断言词类证据的真实性。比如，可以结合案件发破案经过重点审查犯罪嫌疑人、被告人是否存在基于规避法律责任、虐待体罚胁迫等原因作出不符合实际的虚伪口供的情况，可以结合当事人的自然情况、社会关系等重点审查被害人陈述是否夸大事实或不讲真话，可以结合案件与作证时间跨度、年龄与健康状态等重点审查证人证言是否受到记忆规律、心智水平、认知能力和外在环境等因素的作用，以便最大化地排除言词类证据可能具有的主观性。① 此外，系统审查各类证据出现的先后顺序，也是鉴别判断证据真伪的有效途径。

3. 充分性审查。从案件事实角度看，证据充分具有正反两个方面的要求，一是须经过证据印证，二是须摒除合理怀疑。刑事申诉证据不仅要确实，而且还要在真实可靠的前提下，通过对证据数量的关注、协调、组合和采信达成内心的高度确信；否则，虽有证据印证，但量确有不足，原案

---

① 参见朱先琼：《刑事申诉案件的证据审查与采信原则》，载《人民检察》2004 年第 7 期。

证据就不充分。[①] 定罪量刑的证据不仅有数量上的要求，深入挖掘、逐一摒除证据间的冲突、对抗也是其应有之义。需要注意的是，虽然在理想状态下，据以定案的证据间理应不存在任何矛盾，但这在现实中是很难完全做到的。因此，检察实务中即使证实案件事实的各项证据之间存在不吻合、不一致，但如果具有合理性，且不影响认定定罪量刑的主要事实，也就满足了证据充分性的要求。在刑事诉讼活动中，从证据数量的角度主张案件事实不清，通常在“无”“有”两个方面做文章，要么提出待证事实根本没有证据支撑，要么提出在案证据尚不足以支撑待证事实。由此可见，在刑事申诉中审查证据，一方面要对照审查涉案罪名的全部构成要件是否有证据证明，另一方面要重点审查重要、关键情节是否有证据证明。总之，要确保所有对解决争讼有意义的事实均有必要的证据予以证明。如果审查发现原诉讼主张没有证据支持，就应作出新的处理结论以此取代原错误的处理结论；倘若详加审查后发现原案已认定的事实确有证据支持，但无法达到法定的证据数量标准，且无法补正或补正后仍有“小马拉大车”之嫌，那么就必须作出证据不充分的处理结论。对全案证据的综合审查要注意证据链也就是证据协调性的审查。任何一个证据都无法自证其真，理应通过证据与证据之间的牵连关系对各项证据进行对比、判断和查验，借此实现在案证据的自我净化、事实证据的客观对应。倘若各项证据可以互相印证、形成完整的证据链，由此推导出来的结论就应该是唯一的，也就排除了其他可能性。如果在审查时发现证据相互间出现矛盾，就必须补充收集证据，进一步查证案件事实。对证据链的审查，既要注意对原案证据、新采集证据和申诉人提供证据等自身矛盾的审查，也要注意发现三类证据之间的矛盾。而且，在发现矛盾时排除合理怀疑，不仅需要运用法律知识进行审查判断，还应结合常识常情常理、综合运用逻辑经验进行推理判断。

① 参见邵劭：《我国刑事证明标准的转向与适用》，载《证据科学》2016 年第 2 期。

三、非法证据排除——据以定罪量刑的证据是否应当予以排除

1. 严格的刑事申诉排非原则。刑事申诉的非法证据排除不同于侦查、起诉、审判阶段绝对、主动、直接地排除，而是一种间接的申请排除权。《刑事诉讼法》、《刑诉解释》、《刑诉规则》以及《关于办理刑事案件严格排除非法证据若干问题的规定》等法律及司法解释比较详尽完善地规范了侦查、起诉、审判阶段的非法证据排除规则，直接规定“经审查认定的非法证据不得作为逮捕、公诉、判决的根据”。[①] 但刑事申诉阶段审查发现非法证据，并不能直接从原案证据中剔除，只能据此启动再审程序，通过重新审理排除非法证据。排除规则不同，非法证据的审查处理方式和结果可能就不同。以检察机关而言，《刑申规定》第19条、第20条、第45条和第46条规定，控告申诉检察部门在刑事申诉阶段有责任审查排除非法证据，但对刑事检察部门复查认定依法应当予以排除的非法证据，提出抗诉或者再审检察建议必须经检察长决定。严格的刑事申诉非法证据审查制度符合刑事申诉防冤纠错的要求，也符合刑事诉讼活动专门机关互相配合、互相制约的原则，还契合现代社会舆论监督日益广泛深入的特点，但这也对刑事申诉审查排除非法证据的理由和说明力提出了高于一般的标准和要求。

2. 非法证据与瑕疵证据的区分。非法证据可以进一步细分为言词、实物两类。根据《刑事诉讼法》第56条，对非法言词证据采取了“一刀切”的规定，即通过刑讯逼供等不合法手段收集的口供以及采用暴力、威胁等不合法手段收集的被害人陈述、证人证言均不应使用。反之，对书证、物证则视情况而定，如果收集程序不合法且存在严重影响办案公正的可能性，首先需要进行补正或者作出合理解释，确实不能补正或者作出合理解释的方可纳入非法实物证据范畴。[②] 由此可见，非法证据表现为在收集方

---

① 戴长林：《非法证据排除制度的新发展及重点问题研究》，载《法律适用》2018年第1期。

② 参见天津市人民检察院课题组：《刑事申诉案件复查中司法瑕疵认定问题》，载《天津法学》2016年第4期。

法和程序上存在违法行为，且对实物证据不能补正或作出合理解释的证据。[①] 但背离法定权限、采取不当手段以及违反法定程序获取，用于证实罪行有无、罪行轻重、犯罪事实等客观实际情况的证据，并不一律都是非法证据，也可能只是瑕疵证据。非法证据和瑕疵证据有许多相似之处，一般都缺少证据的合法性要件，比如取证程序不符合法定程序，但区分两者的根本是违法程度的深浅。非法证据利用的是刑法明令禁用的刑讯逼供手段，或者违法程度与强迫程度达到与刑讯逼供和暴力、威胁手段相当的取证方法，通过施加肉刑、摧残精神等违法手段对犯罪嫌疑人、被告人、被害人、证人进行反复折磨，最终击垮其精神防线，取得口供等言词证据。这不仅会严重侵害诉讼法赋予当事人的重要程序性权利，而且据此定案也会导致犯罪事实认定的不合法、犯罪行为适用罪名的错误、量刑处罚失当等案件实体处理结果上的违法，甚至会造成冤假错案，因此，对审查发现的非法证据应当坚决予以排除。就瑕疵证据而言，虽然也违背了法律对取证的规定，甚至损害、剥夺了案件当事人享有的部分程序性权利，比如讯问笔录涂改之处未经按手印确认、证人证言的取证地点违法、法律文书未按规定时效送达等，又或是取证过程中对当事人的态度生硬、简单粗暴等，但这种瑕疵一般不会影响案件结论的真实性，也不会影响对犯罪嫌疑人、被告人的定罪量刑。由于其轻微违法性，瑕疵证据属于效力待定的证据，对事实或者情节认定有遗漏、表述不够准确的，可以通过补正或作出合理解释的方式补强证明力；对违背逻辑和常理的证据，可以通过补充书面证明的方式强化其合法性。总之，在刑事申诉中审查证据，既不能将非法证据降格为瑕疵证据，也不能将瑕疵证据升格为非法证据，要严格区分非法和瑕疵的性质特征，依法保障诉讼参与人的合法权利，切实维护司法的公信力。

3. 非法证据审查要点。检察实务中在审查非法证据时，第一，要界定证据问题的性质，并非所有证据问题都可归属于非法证据范畴。证据能否

---

① 参见戴长林、刘静坤、朱晶晶：《〈关于办理刑事案件严格排除非法证据若干问题的规定〉重点解读（上）》，载《中国审判》2017 年第 20 期。

被采信有多种原因，既包括证据的合法性问题，也包括证据的真实性、相关性问题，如果申诉理由只是证言内容虚假或者鉴定意见不客观等，其实质是对证据真实性的质疑，并非对证据合法性提出的异议，也就不应被视为非法证据排除问题进行审查。第二，对非法取证方式的审查要准确。如果申诉人指称的非法取证方式只是言词证据是在受到诱骗、恐吓后作出的，并非法律明文禁止的刑讯逼供，或违法强制程度相当的其他取证方式，原则上也不能作为非法证据排除问题进行审查。第三，要审查非法取证的线索和资料。《刑事诉讼法》第 58 条第 2 款规定："……申请排除以非法方法收集的证据的，应当提供相关线索或者材料。"如果申诉人只是提出有关证据系通过非法手段获取，但是未进一步指出非法取证的种类、方式、人员、内容等详细情况，通常不会被纳入非法证据排除范围并开展审查。[①] 但《刑诉规则》第 72 条第 2 款也规定，人民检察院"根据现有材料无法证明证据收集合法性的，应当及时进行调查核实"。因此，如果结合申诉人提出的非法取证问题，检察机关根据案件情况认为确有非法取证嫌疑，也应当启动非法证据审查程序，依法开展相关调查核实工作。第四，要审查非法证据的可替代性。对已确认犯罪嫌疑人、被告人遭到刑讯逼供或不能排除刑讯逼供嫌疑的情形下所作的供述，并不能随意地启动非法证据审查程序一排了之。如果在刑事申诉案件审查中发现有证据暂时难以确认是否采用非法方法收集的，但属于《刑诉解释》第 124 条规定的两种情形，其一是在监察机关、侦查机关开展调查、侦查期间，通过多种途径怀疑或确信非法取证的可能性，并因此更换办案人员，在办案人员重新履行权利义务和认罪后果告知等义务后，被讯问人仍然自愿供述，[②] 其二是在检察机关审查逮捕、起诉以及法院审判阶段，在相关办案人员履行权利义务和认罪后果告知等义务的前提下，被讯问人自愿供述的，则可依法认定证据的合法性，也无须进行非法证据审查。第五，要综合全案情况审查非法证据。《刑诉解释》第 135 条规定了法庭调查证据合法性的基本方

① 参见张斌、罗维鹏：《非法证据具体排除论》，载《南京大学法律评论》2017 年第 2 期。

② 参见戴长林：《非法证据排除制度的新发展及重点问题研究》，载《法律适用》2018 年第 1 期。

式，包括宣读核查材料、播放讯问录音录像、承办人出庭说明情况、提交取证过程说明材料等，只要能合理合法地解释合法性疑问，就“可以决定不再进行调查”。《刑诉规则》第410条规定了公诉人证明取证合法性的三条路径，即出示取证过程中形成的讯问笔录、提讯登记、体检记录等证明材料，播放取证过程中的录音录像，向法庭提出要求原办案人员出庭作证的请求。[①] 因此，在审查申诉人非法证据排除申请时，应当按照刑事申诉全面阅卷、全面审查的要求，对原审非法证据调查情况进行审查，如果申诉人对证据合法性提出的疑问已经在原审调查中合理合法地作出解释，也不必启动非法证据审查程序。此外，对原审中申请人未提供线索、材料，或者审查申请人提供的线索、材料后发现原审已作出无须进行合法性调查的结论，而申诉人仍以相同理由提出非法证据排除申请的，原则上也不必进行审查。

四、证据间矛盾的审查方法——据以定罪量刑的主要证据之间是否存在矛盾

刑事申诉主要证据之间矛盾的审查可以分为是否有矛盾和发现矛盾时的采信。刑事申诉审查证据的确实充分性与审查主要证据之间是否存在矛盾有共通之处，但两者审查的侧重点仍有些许差异。前者主要是在没有相反证据出现的情况下，对原审证据的“质”和“量”进行审查，从而作出原案证据是否足以定案的判断结论。后者则是在对证据确实充分性的审查中，发现同时出现了有罪无罪、罪重罪轻等相反证据，进而作出如何采信、怎样处理的结论。

1. 证据间矛盾的审查起点。解决矛盾首先要快速、准确地找到矛盾。刑事申诉主要证据之间存在的矛盾往往与申诉人争议的关键点密切相关，从申诉人提出申诉的视角对争议焦点开展加工提取，在申诉理由中搜寻是否存在能够驳斥甚至否定原审的证据，是刑事申诉证据间矛盾审查的启动点和关键点。刑事申诉阶段的新证据从来源上可以分为原审已存在但未采

① 参见朱孝清：《排除非法证据新规定的理解和执行》，载《人民检察》2017年第16期。

信、司法机关自行获取以及申诉人等案件当事人提供三种，对申诉人等案件当事人提供的证据在第一时间进行审查是刑事申诉案件证据审查的首要任务。顾名思义，申诉人等案件当事人提供所谓的新证据，意在推翻原本错误的判决、裁定和决定，对这类证据给予首要的关切，可以迅速界定案件争议所在并准确判断新证据是否和原审认定的事实之间存在矛盾，不仅便于利用有限的司法资源高质高效地找准“焦点”，也便于及时排除那些没有正当理由、无理纠缠的申诉行为。其次，应审查司法机关在刑事申诉阶段调取或发现的新证据。司法机关在审查、复查申诉案件过程中调取或发现的证据，是根据法定职权和程序采集的新证据，具有极高的真实性、合法性、关联性，以此审查判断原案定罪量刑的主要证据之间是否存在矛盾、原处理决定和裁判有无错误的效率和准确度都很高。最后，再对原审未采信证据进行审查。一般原审取证都经历了收集、审查、核实、认定等程序，出现应收集未收集、应采信未采信的可能性比较小，从中查找发现主要证据之间矛盾的可能性也比较小。但发现矛盾的可能性小，并不意味着审查可以简化，对原案未采信的证据同样要按照去伪存真的标准进行细致审查，以达到查清案件事实的目的。

2. 证据目录整理。查找发现证据矛盾，还应重视并优化阅卷工作。阅卷是刑事申诉案件办理的基础工作，也是对原审证据进行反向审视的过程。刑事申诉案件普遍经历的诉讼环节多、时间跨度大，案卷材料也比较多，阅卷工作量和难度都超出一般刑事案件。从整体上快速把握证据全貌、及时发现证据矛盾，一个高效的切入点就是整理证据目录。证据目录的主要顺序可以按照证据的制作时间进行排列，然后再对涉及的若干犯罪事实逐一开展梳理、总结、分析。当然，如果申诉人的申诉理由是围绕诉讼程序合法与否展开，也可以采取程序在先、实体在后的逻辑顺序。这样可以比较直观地审查判断取证时间与案发时间、证据形成方式、证人与案件的关系、有罪证据与无罪证据以及言词证据与客观证据等相互印证和矛盾对立情况，不仅能够再现所有诉讼流程中的案件办理情况，达成司法办案与检察监督的相互促进融合；而且可以具体形象地掌握控辩双方在办案中的沟通情况，更加精准地把握判断证据的变化发展过程。

3. 刑事申诉证据采信标准。刑事申诉仍是刑事诉讼活动，因而刑事诉讼的证据采信标准同样适用于刑事申诉办案活动。但刑事申诉又是一种特殊的刑事诉讼活动，因此在证据采信方面有其独到的特点，即通常情况下应当以原案的在案证据为准。[①] 在刑事诉讼活动中，针对涉嫌犯罪一方的讯问或者针对相关证人的询问，尤其是开始阶段的侦查调查都是在“有备算无备”的情况下进行的。一方面办案人员对案件情况、谈话内容、提问方式等都做了精心准备和设计，另一方面讯问、询问对象的心理防范也不很严密，供述、证言的真实可信性比较高。但到刑事申诉阶段后，申诉人为了改变原处理结论，往往只选择性地提供有利于支持申诉理由的证据，甚至原案当事人之间、证人之间、当事人与证人之间由于变化的、特殊的利害关系，也难以排除串供的可能性。相应地，言词证据如果在进入刑事申诉阶段后发生变化，其真实可信度也会随之降低。因此，当申诉人提供的言词证据与原案证据出现矛盾时，一般应采用原案证据。再如，限制性地对复查过程中获得的证据予以采纳。虽然通常情况下以采纳原案的在案证据为基准，但这并不意味着在审查中发现与原审认定事实矛盾的证据就一概不采信。只要当事人提出了原审中没有提供相关证据的客观缘由，经审查认定属实，在符合相关证据标准的前提下，亦可以得出案件事实清楚的结论，就理应被采纳。一般有 4 种情形：一是原审被告人在原案的诉讼过程中曾反映自己无罪或罪轻，办案人员应当收集而未予收集，原审被告人在刑事申诉阶段以同样理由提出相应主张，经重新审查，该证据确实存在且与在案证据形成完整的证据锁链，在没有否定性证据的情况下，该证据应被采纳；二是申诉人在刑事申诉过程中提交了原始书证、物证，经审查，该证据能够与其他在案证据互相印证，且由于不可归结于申诉人的原因而未在原审阶段提供，该证据应被采纳；三是由于心智不成熟、替他人顶包等原因未在原案办理过程中如实供述，在案件作出处理以后表示愿意悔过自新，此时新的陈述如果得到其他证据印证，应被采纳；四是申诉人在刑事申诉阶段提出鉴定诉求，该待鉴定事项可能影响案件事实且未曾开

---

① 参见朱先琼：《刑事申诉案件的证据审查与采信原则》，载《人民检察》2004 年第 7 期。

展鉴定、未丧失鉴定条件，如果鉴定意见与相关证据互相印证，该证据应被采纳。

4. “一对一”证据判断标准。刑事申诉案件审查发现“一对一”证据之间出现矛盾时，判断采信证据的标准不仅要依据法律，还要结合生活常识、社会常理作出符合承办人内心确信的判断。[①]“一对一”证据是指在某个案件事实中，当事人只有两人，他们提供的证据呈现针锋相对、分裂对抗的紧张关系。这种证据频繁出现在猥亵强暴、行贿受贿等参与者较少、私密性较高的犯罪案件中，这种证据不仅局限于言词证据，也包括实物证据，这种紧张对立也不仅限定于所有案件事实，也可能是针对部分案件事实。通常来说，呈现三个方面特点：一是知情人仅有两人，除此以外，无其他证据佐证两人表述的真伪。二是知情人呈现两个极端，或者素昧平生，或者耳熟能详。但无论哪种情况，缺少了解案情的证人证言一直都是相当棘手的问题。三是互相对立的证据往往是在双方利害关系发生变化或双方利益发生冲突后出现的。由于没有其他证据可以印证，在审查“一对一”证据时就要特别重视发现、收集间接证据，可以从两人关系和对立举证的原因等角度出发排查搜集间接证据。再综合运用法律和常识常理甚至结合承办人的社会生活经验等，对间接证据开展详细的梳理分析，一一摒除此类证据中违背情理、违反规律的异常要素，以求形成内心确信的案件事实既能最大化地接近案件真相又能得到社会的普遍认可和接受。比如，当受贿人在刑事申诉中翻供不再承认受贿，行贿人又不愿再次作证或失去联系时，就可以重点审查原案证据中行贿的目的、时间、场所和方式等情节，转而关注对行贿行为、不当利益的分析论证，引入情理事理、客观规律等印证行贿人作证的确切性、可靠性，最后再提出采信何种证据的审查意见。

① 参见王庆民：《复查申诉案件如何采信证据》，载《人民检察》2004年第11期。

第三章

刑事申诉的释法说理

刑事申诉案件大多已经不同层级的司法机关进行过处理，但申诉人仍然持续申诉。释法说理作为化解矛盾、定分止争的有效手段，不仅体现检察官的专业水平，也是申诉人权利能否得到尊重和保障的重要衡量标准。

一、刑事申诉释法说理的内涵、特点

（一）刑事申诉释法说理的内涵

释法说理属于法律适用范畴，是一种司法行为，与法律解释、法律推理、法律论证等法律方法具有更为直接的内在联动。[①] 法律充分体现了人类的理性，在推动人治社会向法治社会转型升级的过程中，法律的统治地位不可撼动，以实现以理服人并获得群众的顺从，而不是漠视法律，仅凭强制力量震慑实现屈服。从这个层面上讲，释法说理树立了法律的权威，法治社会等同于释法说理的社会。

2015 年，最高人民检察院印发《最高人民检察院关于实行检察官以案释法制度的规定（试行）》（已失效）。2017 年，《最高人民检察院关于实行检察官以案释法制度的规定》和《最高人民检察院关于加强检察法律文书说理工作的意见》颁布施行，这反映出最高人民检察院从政策和制度上高度重视释法说理工作，也反映出落实“谁执法谁普法”的普法责任制以及加强以案释法工作的紧迫性。根据以上规定，以案释法是指检察官通过检察法律文书以及其他书面、口头说明等方式，在办案中和办案后向诉讼

① 参见张文显：《法理学》（第 3 版），法律出版社 2007 年版，第 287 页。

参与人等涉案人员、单位开展释法说理。聚焦于刑事申诉领域，释法说理是对审查办案所依据的案件事实、法律法规以及对应理由进行阐述公开，它既是案件事实、法律法规和对应适用依据、逻辑联系的静态展现，又是辨析证据、适用法律、认定事实、推理论证和解决争议的动态过程。通过检察官的释法说理，将“静态的法律”转化为“解纷的活法”，推动法律法规的具体化、合理化和生活化，以合理的、说服力强的审查结论取得人民群众对检察办案的认同以及对法律的信仰、尊重和服从，夯实法治进程的坚实基础。

（二）刑事申诉释法说理的特点

检察机关管辖的刑事申诉案件，是指当事人对人民检察院诉讼终结的刑事处理决定以及人民法院已经生效的刑事裁判不服提出的申诉。刑事申诉案件大多距原案的案发时间相对久远，法律规定可能发生变化，也可能出现新的证据材料，办理难度相对较高。刑事申诉案件大多已经由多个司法机关审查办理，但申诉人仍然反复申诉。释法说理作为化解矛盾、定分止争的有效手段，在刑事申诉案件办理中应得到高度重视，刑事申诉案件办理中的释法说理有着自己独有的特点。

1. 侧重保障申诉人说理的权利。权利救济和保障是刑事申诉检察的基本职能。司法实践中，申诉人的申诉理由较少成为影响检察办案结论的理由，在申诉权利的行使过程中也会遇到申诉成功率低、新证据举证难等诸多实体问题。在案件办理过程中听取申诉人的申诉理由和依据是法定程序，意在尊重和保障申诉人的说理权，实现程序公正。让申诉人在案件办理过程中把自己所占的理、拥有的理向检察官说清楚，不仅有体现以人为本和让刑事申诉程序发挥决定性作用的意蕴，也是检察官把握办案主动权、把控整体节奏的必然要求。

2. 口头说理和书面说理的统一。刑事申诉案件中的说理既包括刑事申诉结果通知书的说理，也包括审查办案活动的说理，前者是书面说理，后者是口头说理，二者皆很重要、不可偏废。实际上，书面说理主要是文来文往，遣词造句未免谨慎，而口头说理更加生动，检察官在审查活动中当面向申诉人及代理人说理，相当于“人来人往”，必然会在说理过程中与申诉人进行交流，能够观察到申诉人的反应，故这种互动式说理的效果一定好于单向式的书面说理。对于疑难复杂的案件，要强化文书说理，而对于事实清楚的简单案件，因法律适用问题并不复杂，更应当重在向申诉人进行口头说理。

3. “针对性说理”和“一般性说理”的统一。根据《刑申规定》，刑事申诉结果通知书的主要内容包括“审查或者复查查明认定的事实”、“对申诉人申诉理由的回应”以及“处理结论”三个部分。由此，申诉案件说理包括定罪、量刑及申诉理由采纳与否的说理。为了方便区分，围绕法院定罪量刑的说理为“一般性说理”，对申诉理由的回应为“针对性说理”。“针对性说理”具有独立价值，一方面反映出作为适格主体的申诉人独立参与申诉程序的价值，彰显了对程序参与权的保障；另一方面申诉理由是千变万化的，每个申诉理由的焦点均有所不同，“针对性说理”理应灵活多变。“一般性说理”则一般以套路化形式展现，首先利用犯罪构成要件描述原审被告人的行为表现，其次确定触犯刑法中的何种罪行，接着是列举原审被告人的酌定和法定量刑情节，最后推导出原审被告人应当科处的刑罚种类和幅度，有时也涵盖了证据能力和证明力等相关内容。说理的内容、方式与说理效果的呈现紧密相关，“一般性说理”和“针对性说理”二者同样重要，需统筹兼顾。

二、刑事申诉释法说理的价值和目标

刑事申诉的释法说理不仅关系到申诉人的权益，更关系到社会的和谐稳定和依法治国目标的实现。不具合理性、不被接受的释法说理极有可能引发申诉人乃至社会公众的不满，损害检察公信力，危害社会安定性。因此，刑事申诉案件必须加强释法说理。

（一）说理价值

1. 义务性。理性权威是现代法治社会司法裁判的基础，不同于信仰权威和传统权威，它意在于法治框架下，通过对公权力的理性运用做到以理服人，从而达成规则之治。检察办案应当说理，有了说理才有司法民主、司法理性和司法文明，才能彰显现代司法文明的法治底色。从检察官角度看，释法说理既是职权也是义务，必须依法履行。民间至今仍有“讨个公道”“讨个说法”的表述，如讨不到还会继续向上级申诉，除了“讨”个实体处理结论外，最重要的就是“讨”个“理儿”，对原审裁判的定罪量刑予以支持而不深入说理的，对申诉人的申诉理由简单不予采信而不讲缘由的，无论是不愿说理、不敢说理还是无理可说，不仅仅是简单的职业素养问题，还会消融检察权和检察官的存在价值。

2. 公正性。公正性的彰显应当通过司法公开去实现，而最有效、最重要的公开形式就是在刑事申诉办案中展示自己的心证过程，即释法说理。检察官通过书面或者口头的方式让申诉人以“看得见的方式”感受公平和正义，一方面，可以帮助自己把办理结果建立在坚实的事实和法律基础之上；另一方面，通过展示刑事申诉办案中事实认定、证据采信、法律适用等得出的过程，帮助申诉人等群体理解刑事申诉办案进路和考量依据，增强办案结果的可接受性。刑事申诉办案不说理、讲空话套话、武断下结论等做法与主观好恶、任意擅断、随意专制等无异，既无法规范自由办案，也无力预防司法腐败，难以体现程序正义和司法权威。刑事申诉环节处于“诉”与“访”转换的敏感节点，进一步可息事宁人，退一步则后患无穷。检察官必须时刻坚守公正理念，秉持中立立场，通过释法说理将心证过程充分展现。

3. 功能性。在现代法治社会中，通过定分止争保障当事人的合法权益、在维护法治中引导社会规范有序是司法的两项基本功能。由于刑事案件的特殊性，更容易被社会公众简单总结成几种耳闻则诵的“类案”，相较于“家长里短、近在眼前”的民事案件，刑事案件太过遥远和生疏，大部分人还停留在“杀人偿命、抢劫无期”此类简单认知中。究其根源，通常是从媒体宣传中听到、看到的诸如“许霆案”“于欢案”等个案的零散信息，这种只言片语的简单拼凑恰恰会让社会公众对刑事案件形成自以为是的先入为主。刑事申诉案件中坚持“以事实为根据、以法律为准绳”的准则，遵照“罪刑法定”等原则，针对“类案”中千差万别的细微之处深入辨法析理，不仅能够保证申诉人对办案过程的实质性参与，而且能够让申诉人胜败皆明，大幅减少刑事申诉案件程序倒流或继续上行的风险隐患，在资源消耗最小化的前提下实现司法收益和效果的最大化。12309 中国检察网对部分刑事申诉结果通知书的公开是社会公众直面“类案”时的“标准答案”，社会公众对这份答案抱有十足信心，当审查结论与“标准答案”不一致时，他们迫切希望知晓二者为何存在霄壤之别，充分释法说理的刑事申诉结果通知书将成为向社会公众全面展示司法公正的载体，开展普法教育的生动教材，维系社会规范秩序和价值体系的有力举措。

（二）说理目标

在长期的司法实践中，检察办案说理、法院裁判说理已形成了更统一、更宽泛的认知，进化成全面说理的“五理说”，即事理、法理、学理、情理、文理的有机整合。[①] 其中，事理是指事情的前因后果、纠纷的是非曲直，是释法说理的基础和关键，常言道“事实胜于雄辩”就是这个意思。法理就是法律依据，找到案件纠纷应当适用的法律条款，告诉当事人为什么要适用该条款，解释条款的含义，就是说法理。学理是法学理论观点，在事理和法理不足以说服当事人时，运用学理论证原审裁判的公正确有必要。情理就是人之常情、社情民意。文理是指说理的逻辑思路、语言表达和遣词造句等，也就是文字功底，是语言表达、文字应用和说理内容的统一，是说理的重要方面。基于刑事申诉案件本身的定位及释法说理的特点，无论是书面说理还是口头说理，都要立足事理、坚守法理、辅之学理、佐之情理、善用文理，最终指向的都是释法说理是否恰当、充分、透彻，即合理性和可接受性。

三、刑事申诉释法说理的困境

《最高人民检察院关于实行检察官以案释法制度的规定》和《刑申规

---

① 参见胡云腾：《论裁判文书说理与裁判活动说理》，载《人民法院报》2011 年 8 月 10 日，第 5 版。

定》实施以来，刑事申诉案件释法说理工作取得很大进步，但无论是学理研究还是实证研究都表明，当下刑事申诉案件说理尤其是刑事申诉结果通知书说理仍存在不愿说理、不敢说理、不善说理的困境。研究者多归结于检察官的释法说理能力、重实体轻程序的观念影响、常态化机制、说理范围和程序、文书格式、信息化因素等。[①] 除此以外，刑事申诉案件释法说理还存在以下问题。

（一）释法说理场景片面化，易滋生不信任感

刑事申诉程序必须遵守直接言词原则，让申诉人有理由当面说、有新证据当面展示，检察官则当面审查认定。在以人为本、释法答疑、调解先行等司法理念指导下，检察机关开创了从案前答疑到案中调解再到案后说理等多形式的说理，以此实现刑事申诉案件的依法纠错、化解矛盾功能，作为申诉人认知法律文书说理必不可少的场景，突破了单一纸面说理的狭窄空间，逐渐形成多维的全时空、立体化说理模式，这对于提高申诉人对办案结果的可接受性大有裨益。但在实践中，部分检察官只注重法律文书说理，而忽视办案中、办案后的当面说理、听证说理、第三方说理等多种说理形式，形成了“当面不说背面说、嘴上不说纸上说、大场景不说小范围说”的畸形现象。

（二）法律方法运用不到位，造成释法说理的合理性欠缺

法律职业者认知、判别和解决具体案件问题需要运用专业的方法，这种方法即法律方法。刑事申诉案件释法说理的好坏与法律方法的准确采用密不可分，检察官在释法说理方面的窘境，不单是释法说理的方式方法的本身缺陷造成的，这几乎可以归结于法律方法的不恰当、不正确运用。

1. 必要的法律解释欠缺。法律适用需要将具体的案件事实纳入抽象的法律法规中，因法律解释能够填补事实与法律间的鸿沟，彰显法制统一目

---

① 参见邓毅林：《检察法律文书释法说理的完善路径》，载《人民检察》2018 年第 6 期；陈兰、杜淑芳：《检察法律文书说理现状分析》，载《中国检察官》2017 年第 1 期。

标下法律适用的灵活性，进而成为适用法律的前提。法律作为一种调节个人行为、维系社会秩序的抽象规范，具有普适性，但无法覆盖社会生活中的方方面面，受制于语言自身的局限性和模糊性，也无法对具体事实直接给出标准无争议的答案。检察官适用法律必须要对法律形成自己独到的理解并深刻阐明于个案中。实践中普遍存在对法条或抽象的法学概念缺乏必要的法律解释，无论是刑事申诉案件的直接受众申诉人还是潜在受众人民群众，对法律规范的认知程度各有差异，容易造成理解障碍。

2. 法律推理流于形式，僵化运用“三段论”推理。审查结论是将事实、证据涵摄于具体法条以及将静态法律映射于动态生活的过程，系双向的选择适用，贯穿整个办案过程，这种从已知的案件事实和认定证据中合理地、有逻辑地、融贯地依据法律推导出来审查结论就是法律推理。“三段论”作为演绎推理的典型结构，大前提的法律法规是得到公认的道理，小前提是明确的案件事实，以公认的道理逻辑联系个案的事实就能推导出必然结论。大前提中对法律规范断章取义，对选择缘由闭口不谈，小前提中对事实认定理由表述不清，不论述证据采信的依据，此类情况普遍存在。除此以外，套用格式涵摄、抽象概括推导等问题亦屡见不鲜。在一起不服不起诉申诉案件中，刑事申诉结果通知书的释法说理如下：“一是王某的行为属于防卫行为……王某掰李某的手指，是欲摆脱李某的纠缠，避免李某对他造成伤害，其主观上具有防卫行为。二是如若王某具有对李某伤害的故意，完全可以通过踢打摆脱李某，而非只是简单的掰扯……其主观上也是一种过失行为。按照刑法相关规定，过失致人轻伤的行为不构成犯罪。综上，王某不具有伤害李某的故意，其行为不构成犯罪。”该案从两个方面阐述不起诉的理由，但是在法律方法的运用上存在许多问题。首先，对法律中的“防卫行为”及大前提中的法律规定没有作出解释、援引，只是表述为：“按照刑法规定”，过于简单粗暴，使得作为普通百姓的受害人对正当防卫的法律适用不太明白或有不同理解；其次，三段论的推理模糊，存在跳跃性、缺乏逻辑性，其涵摄看不出推导过程；最后，没有对防卫的意图、起因、对象、结果等正当防卫构成要件进行论证。

3. 对法律和证据的论证不足，导致审查结论缺少说服力。法律论证重在追求办案结果的正当性和可接受性，以充分全面的论辩说理促成极具说服力的结论。一是对法律的论证不充分。审查查明的案件事实是在选择适用的法律前根据相关已知情景作出的抉择，实质上是经过加工提炼的事实。在这一过程中，检察官以未经加工的事实作为起点，逐一检视可能适用的法条，仔细审视并排除无法适用的法条，全面考量并添加可能适用的其他法条。实践中，普遍存在案件事实简单堆砌、法条内容简单罗列、法律适用分析过程缺乏，未体现基于案件事实形成可适用法条以及法条选择反向影响案件定性这一双向互动过程。二是对证据的论证不充分。证据的客观性、关联性、合法性如何，能否形成完整的证据锁链，这些都应该进行充分有效的论证，尤其是针对部分社会敏感性强的案件，充分论证是让申诉人对基于证据形成的法律事实产生信任的必要条件。实践中，相当一部分刑事申诉案件都缺乏对证据的充分论述，突出表现为简单罗列、陈述证据及证据的证明内容，未对能否形成完整的证据锁链展开论证，这在审查结案的申诉案件中更加明显。

（三）论据材料单一造成多元评价之间的分歧和冲突，释法说理可接受性不高

法律解释、法律推理和法律论证等法律方法无法涵盖刑事申诉案件中的所有方法论。在《司法过程的性质》一书中，卡多佐把司法案件的办理思路归纳为三类：逻辑的方法、历史的方法和社会学的方法。[①] 逻辑的方法居于首要位置，是对秩序、逻辑的固化和升华，但司法实践中会常常因自身的局限性而让位于其他方法。通过简单的逻辑推理能够应对绝大部分刑事申诉案件，但由于政策导向、公共道德、历史传统等法外因素与疑难复杂案件的交织融合，检察官需要在司法过程中对多种法律方法进行判断取舍。逻辑的方法有固定的法律及理论基础，因而具有相对的确定性，但其他方法由于追寻特定的价值目标和社会效果，造就了相对的不确定性，

---

① 参见［美］本杰明·N. 卡多佐：《司法过程的性质》，苏力译，商务印书馆 1997 年版，第 16 页。

正是这种不确定性构建了释法说理多元评价的根基，多元评价之间的分歧和冲突也由此产生。

释法说理离不开论据的支撑，论据越充分，说服力就越强。实践中，大多数的法律适用说理的论据或法律渊源都是法律法规和司法解释条文，特别是在制作刑事申诉结果通知书时，检察官依照自己的风格习惯形成了格式化的说理方式，在叙述事实方面广泛存在简单化、套路化的问题，如以“因琐事”表明案发原因，以“举证不能”“证据不足”“无法排除合理怀疑”笼统论述申请监督理由不成立等。在刑事申诉案件中也很少有参照裁判文书的说理把经验习惯、情理、公理、职业伦理等法外因素运用到释法说理中去的。释法说理的对象是社会公众，而不是法律专家和学者，晦涩的法律概念和简单粗暴、论据单一的说理论证，仅仅是“水中月、镜中花”而已。[①] 但如果说理中融入多元化的辅助论据，从普通大众的道德情感、认知水平出发，社会大众的可接受度会进一步提高。

（四）综合配套制度保障不足

《最高人民检察院关于加强检察法律文书说理工作的意见》对检察法律文书说理的原则、方式、重点、主体、基本要求等做了较为明确的规定，但这一制度的落实还需要与其他相关制度进行联动、通过协调和配合才能更好地发挥作用。一方面，释法说理的质量评价机制存在缺陷。《人民检察院案件质量评查工作规定（试行）》规定，释法说理充分与否是能否评查为优秀案件的条件之一，但令人遗憾的是，该规定遗漏了对说理的既定标准、权重比例以及价值效果的明确规定。以县区级检察机关为例，案件管理部门承担着对案件质量好坏的评查职责，显而易见，这只是一种检察系统内部的评查方式，即便其他相关业务部门也具有参与其中的权限，但是依然无法从根本上避免因评查体系不健全、评查案件绝对数少、评查效力层次低等问题引发的刑事申诉案件评查质效低下的现状。另一方

① 参见徐昕、黄艳好：《中国司法改革年度报告（2017）》，载《上海大学学报（社会科学版）》2018 年第 2 期。

面，释法说理的考核奖励机制存在缺陷。纵观全国各地的检察机关，通常做法是把法律文书的释法说理与检察人员的绩效考核相挂钩，考核的结果将会完整体现在检察人员的人事档案之中。但是，现有的绩效考核体系并非完美无缺，距离科学考核尚须逐步完善，由此导致了对检察人员德能勤绩的湮没、考核结果的等量齐观以及优劣等次的模棱两可。

四、刑事申诉案件释法说理的基本原则

（一）程序上合交互性

释法说理从来不是权威官方的独自言语，而是多主体间的互动对话，传统观念上的“检察官说、申诉人听”的观点忽略了说理的对话特性，使得双方深陷入单向固定和分裂对峙的紧张局面，而且将承载释法说理的法律文书视作检察官和申诉人的封闭交谈，无形中缩减了受众群体。释法说理需要体现交互性，构建听众和说者之间的双向互动可转换式关系，打造“依据既定规则和证据材料开展充分、直接、平等协商对话的场景”，通过申诉理由的展示和疑问的准确回应，让申诉人对案件本身有清晰完整的认知，并能够运用各种程序、实体、逻辑以及论辩规则对申诉理由是否成立和办案结果是否正确进行“换位检验”，方便申诉人、社会公众、法律职业者作出批判性评价，形成良性互动的舆论生态。

（二）形式上合逻辑性

一是要素齐全。围绕事实认定、证据采信、法律适用及申诉理由等要素进行说理，对采纳或不采纳的证据及诉求、采纳或不采纳某一证据的依据、认同或不认同某一主张的依据等均进行剖析解读。二是结构严谨。从法律规范和案件事实推导出裁判结果，与之对应，“归纳申诉理由—辨明争议焦点—认定事实证据—明晰法律适用—涵摄推理论证—得出办案结论”是刑事申诉案件的重要说理途径。要强化各个要素之间的有机联系，达成格式统一化和风格个性化的协调，确保行文脉络清晰、简繁得当、详略适宜，符合层层递进、环环相扣的基本逻辑。此外，还应注重对法律法

规与案件事实之间逻辑联系的分析评价，对办案结论的说理论证。三是详略得当。对比漫无目的地论证所有问题或者简单刻板地堆砌文字，说理应当分具体情况区别应对，确保论证的对象明确、语言妥帖、过程清晰，做到疏密有致。牢牢把握申诉理由这个主旨，按条理、分层次、准确全面地概括申诉人的申诉理由，确认无争议的事实和存在争议的事实，对申诉人无异议的事实可以直接阐述，谨防简单堆砌和重复叙述，对次要事实可以简要说理，对异议事实要详尽说理，对程序的表述应抓住关键节点，力争简明扼要，对重要诉讼程序应当明确陈述。

（三）实质上合融贯性

融贯性是指各项命题之间互相一致、互相支持，不存在明显的矛盾短板，案件事实认定、法律规范适用与申诉人的评价标准、社会公众的价值评判标准、法律的内在精神价值协调一致，在客观认定案件事实的前提下平衡公众认知和法律原则，在法律规范内部统一法律效果和社会效果。一方面，要有规范通俗的民意表达。释法说理不应受到公众情绪的裹挟和摆布，但这不等同于可以不彰显民意，民意不是个人观念的简单累加，而是排除公众个人偏见后形成的趋同核心思想。申诉人是普通社会公众中的一员，检察官需要统一权威化与公众化、专业化与质朴化的关系，时刻怀揣时代意识和人文关怀，既要用语准确规范，确保司法庄严化和权威化，又要尊重申诉人推崇的伦理道德，理解申诉人的质朴情感和文化理念，全面考量日常经验、社会情理、可接受度，自觉摒弃社会公众偏见，根据预期反应选择说理的方式，将司法理念通过申诉人易理解的方式输出传达，并取得认同和接受。另一方面，要引入修辞理论的协调强化。法律是由制度规范和管理规范组建的规范体系，广义上这些规范涵盖了立法条例、宪法条文、指导性案例乃至各类原则及习惯，其构建、运用可以给社会公众的生活带来可靠合理的预知。然而法律并非总是确定的，法律实质上是一门可争辩性的学科。[①] 基于法律理解适用、法律事实认定、在案证据采纳的可变动性，检察官必须在遵循一般逻辑的前提下，通过指导案例、规范性文件、经验法则等其他辅助性论据体现出的原则和价值，在互相竞争的证据和观点的博弈中以特定逻辑充实论证、明确事实、得出结论。在法的确定性与争辩性视角下，修辞理论是推动二者协调一致的有效方式。

五、完善刑事申诉释法说理机制的有效路径

国家治理体系和治理能力的现代化为检察履职树立了更高层次的标准，刑事申诉办案不只是单纯为了依法纠错、保护权益，更是为了优化治理体系，实现治理能力跨越式发展。释法说理的“五理说”理论使法律监督更具温度与人性化，有利于提升说理的合理性，促进申诉人的理解与接受。检察官要充分认识到刑事申诉案件中释法说理工作的价值意义及在社会治理中的作用，在核实原案认定的犯罪事实、搜集影响定罪量刑的证据的基础上，对整个逻辑论证的结构进行展开，引入相应的法律规则、法律原则、类似案件等，运用逻辑、修辞等方法构建全部可能的论证，寻找出证明力最强、自己及受众最为信服的论证，让公平正义可感、可知、可触。

（一）以认知心理学构建立体交互式说理机制，夯实释法说理基础

当代认知心理学认为，“人并非被动等待环境刺激而作出反应，而是信息的主动探求者，个人已有的知识、经验和认知结构决定了其心理活动和外部行为，而心理活动又能调控个人的动作、行为及语言表达”。[②] 受众的公正感和认同感同样源于其参与刑事申诉办案的各项认知活动，且受到已有认知结构的影响。认知心理学将“感觉登记—模式识别—短期记忆—长效记忆”视为知识认知的流程，其中“模式识别”是指对输入的图像、物品、声音等信息模式的识别过程。在这一认知过程中，知识划分为陈述

---

① 参见［英］尼尔·麦考尼克：《修辞与法治——一种法律推理与理论》，程朝阳、孙光宁译，北京大学出版社2014年版，第34页。

② 梁宁建：《当代认知心理学》，上海教育出版社2003年版，第15～16页。

性、程序性两种类别，陈述性知识表现为“是什么”，程序性知识则传递“怎样做”。在检察人员的知识架构中，法学理论、条文记忆、司法观念等属于陈述性知识，调解方法、语言表达、听证驾驭等属于程序性知识。普通民众对法律方面的知识大多源于捕风捉影或从书中获取，属于零散的陈述性知识范畴。从认知过程看，受众因陈述性知识欠缺，对刑事申诉办案的认知活动具有较大局限性，检察官利用程序性知识构建可接近、可参与的认知活动，强化“模式识别”环节，能够从根本上直面受众的心理认知和感受，进而丰富对陈述性知识的“短期记忆”直至“长效记忆”。以认知心理学为视角，实现纸面说理向立体说理、检察说理向多方说理、封闭说理向公开审查的转变，是提升受众对刑事申诉办案释法说理可接受度的必不可少的场景。

1. 落实承办人当面直接说理。申诉人的法律素养良莠不齐，多数对法律程序的运转流程一知半解，申诉人在法律理解、事实认识等方面和检察官的差距明显。在刑事申诉案件办理中，检察官必须学会与申诉人对话，走出狭小的“纸面说理”范围，站在他们的角度探索释法说理的准确性、可理解性和可接受性，将申诉人关心的问题、社会对个案的关注点等作为触发互动对话的元素，扩充并逐一回应可能涉及的各类问题，让申诉人全时、全面认知审查结果的理由。

2. 推进第三方代理律师说理。检察官的表达融合了自己对案件的理解以及一定的价值倾向，可视为对代理律师“能否接受”的沉默式问询，而代理律师则利于深入细致的回应和证据的出示，以行动说服检察官相信自己的主张或者认可检察官的办案结论。当检察官与代理律师之间达成了法律职业共同体内部的知识、理念和思维上的共识时，定然会体现在办案结论中，利于更大限度地增强释法说理的可接受性。

3. 推进多主体公开听证说理。纸上得来终觉浅，绝知此事要躬行，申诉人唯有利用检察官提供的全面、直观参与办案的条件，方能深入感知即时的互动式说理，从而得以清楚地理解检察官的“理从何来”。办案中涉及的事实和证据都必须在公开听证中一一展示出来，让申诉人亲自经历和感知，检察官通过全面审查在案证据，归纳证据内容、证明事实和证明过程，分析认定申诉人的主张及提供的证据，在依据法律法规和遵守职业道德的基础上，运用逻辑推理等各种法律方法对证据证明力的有无和大小剖析判断，进而对办案理由及结果进行公示，让申诉人、代理人有理说在当下，证据展示在当下，听证员意见发表在当下，检察认证在当下。此外，“程序公正”的感知还有利于打消申诉人以往对检察官办案的偏见，让申诉人切身体验到“赢得正大光明，输得透彻明白”。

（二）一般性说理——厘清以法律方法为遵循的基础说理，提升释法说理的合理性

“一般性说理”一般以套路化形式呈现出来，应遵循严密的法学方法。法律解释是释法说理的前提条件，法律推理是内在的必然要求，法律论证是检验正当化释法说理的方法。熟练掌握法律方法，说理才会有明确清晰的思路，才能正确理解和选择法律，从而讲深、讲全、讲透法律问题，形成极具说服力的结论。

1. 灵活运用法律解释方法。法律解释的方法多种多样，根据理论界和实务界的基本共识，运用上述解释方法的时候，一般遵循“文理解释—体系解释—目的解释—历史解释”的位阶顺序，但也可以根据个案情况进行调整。[①] 在精准把握案情的前提下，先行阐述相关规定，再结合法律原意，综合运用多种法律解释方法，对抽象、有争议的法律条文、法律概念进行释明，辨析法律内涵、释明立法目的、论证裁判依据，在检察官抽象思维和受众经验思维之间架起沟通的桥梁，从而将僵硬的法律规范精准地运用到鲜活的现实生活中，实现刻板教条的法律与灵活多变的社会生活之间的沟通与平衡。

2. 演绎推理和价值推理并用。法律推理是一种抽象的理性思维工具，有利于形成科学合理的思维方式，它不仅能阐明理由与结论之间的逻辑关联，而且能为办案结论提供正当化理由。形式推理与实质推理是法律推理

---

① 参见刘峥、邓宇、金晓丹：《〈关于深入推进社会主义核心价值观融入裁判文书释法说理的指导意见〉重点问题解读》，载《人民司法》2022 年第 16 期。

的常见分类，形式推理又包含了演绎、类比和归纳推理。演绎推理作为从一般到特殊的推理形式，通过大小前提能够得出必然结论，最为可靠，这也是我国司法办案最常用、最熟悉的推理方式，它通过形式逻辑制约推理者的任意，剔除了因情感因素带来的价值判断，保证了结论的确定和有序状态。“法的普遍性、抽象性、稳定性与案件事实的特殊性、具体性、变动性之间的矛盾始终存在，疑难复杂案件的出现亦不可避免，遵循严格形式主义的法律方法难以有效全面应对疑难复杂案件。”① 先天具有僵化特性的演绎推理已经越发无法适应丰富多变的现实社会需要。在适用法律的过程中，针对某些特定的场合，先行对法律法规和案件事实自身的实质内容进行分析评价，然后基于一定的价值理由进行推理，实质推理（亦可称为价值推理）顺理成章地成为逻辑推理之后的必然选择。这种更为复杂的价值推理以法律法规以外领域的价值判断理由作为根据，突出对现实社会的实际法律需求进行创造性回应，提倡通过价值判断和利益均衡最大限度地彰显社会公平正义，如今，价值推理已顺应时代发展成为演绎推理的重要补充。

3. 发挥法律论证的检验作用。不同于抽象的法律推理，法律论证是一种实际的行为，是指举出理由以支持某种主张。刑事申诉案件办理的本质特征为论证，即对办理结果开展反向证明，使办案结果具有合理性和可接受性。在这一过程当中，检察官必须凭借自身既有的知识体系、价值理念、个案环境等诸多因素印证案件事实与法律规范、法律事实与裁判规则的相互一致，并证明相关规范对具体个案具有恰如其分的可适用性，从而达成极好的匹配性。通过充分、深度论辩验证的法律理由能够促使法律结论形成高度的正当性，产生各方主体均能够接受和认可的结果。

（三）针对性说理——突出对价值推理的运用，提升释法说理的可接受性

1. 运用价值推理回应申诉理由，促进检察思维与大众思维的有效契

---

① 沈仲衡：《论司法过程中的价值衡量》，载《河北法学》2010 年第 10 期。

合。检察官既是法律的适用者，也是广大普通民众中的一员，但其思维方式是典型的法律思维，呈现出异于大众的鲜明职业特质。申诉人对释法说理不认同、不满意的原因多种多样，从法律引用到证据剖析再到言语表达等各方面都存在通俗性不佳、说服力不够的情况，但是根源问题还在于各类主体间的思维契合。“针对性说理”是对申诉理由采纳与否的一种说理，由于申诉理由是对司法机关定罪量刑的一种反驳，因此这种说理实质上是检察官为定罪量刑结果的合理性进行的一种说明。申诉理由往往是复杂多变的，检察官需进行多元、丰富的回应，无论是搜寻大前提、明确小前提，还是审视大小前提之间的切合度，这些都与检察官的认知层次、价值理念、经验直觉等密不可分，这种说理更多的是在“三段论”推理搭起的思维框架基础上通过价值推理实现的，两者的关系犹如超市里的货架与商品、文章的形与神。价值推理的柔性说理特点不要求以严格的“三段式”逻辑推理方式适用，亦不影响法律推理的严格逻辑形式，能有效迎合法律规范“全用或不用”的约束性特征，以通俗的语言阐述法理、认定事实，更加契合广大普通民众的思维习惯，通过与大众思维之间的互相调适、同频共振，打破沟通壁垒和屏障。

2. 引入多元化辅助论据，夯实价值推理基础。法律法规、立法解释和司法解释是检察人员开展释法说理的三大根据，在此之外，还存在一些其他论据可以起到为释法说理“固本培元”的辅助作用。一是要对最高人民检察院下发的指导性案例引起足够的关注。指导性案例首要的功能就是“指导”，通过“指导”得以促进相同类型案件的法律适用标准整齐划一；此外，指导性案例还广泛应用于上对下的调研指导、释法说理和弘扬法治等场合，虽欠缺强制约束力，但对于强化检察人员办案结论的说服力以及相对方对办案结论的认可度，大有可为。二是不应忽视最高人民检察院主导或参与的非司法解释类规范性文件。这类文件以某类案件、某类事项为蓝本，从统一适用法律的角度给出了极具实操性的参考意见，相对于检察人员苦口婆心的耐心劝导，作为官方意义上的正式规定，显然能够大幅度提高申诉人对办案结论的接受度。如最高人民法院、最高人民检察院、公安部、国家安全部和司法部联合发布的《关于适用认罪认罚从宽制度的指导意见》、最高人民检察院印发的《人民检察院刑事申诉案件异地审查规定（试行)》《人民检察院司法瑕疵处理办法（试行)》等。三是引入经验法则、人伦情理、职业操守、民俗公约等。此类论据主要是起到修辞论证的作用，在不违背基本价值理念和基本法律精神的前提下，通过准确恰当、合乎时机的运用，对提高申诉人对办案结论的接受度具有较高的价值。如张某扣故意杀人案中，不少网友和媒体大肆渲染张某扣连续杀害三人是英雄主义，其初衷是为母亲报仇雪恨，这种说法显然违背了基本的价值理念和法律精神，检察人员理应对这种“以牙还牙、以眼还眼”的错误法律理念进行鞭辟入里的反驳，化解不当民情，消除社会戾气。

3. 以修辞论证方法强化价值推理，增强可接受性。修辞论证强调以受众为中心、以说服为导向，这与刑事申诉办案释法说理追寻的目标不谋而合。修辞论证作为价值推理的说服方法，在逻辑推理的基础之上丰富审查理由，将理性有效的论证全程柔性地向受众传达，通俗、生动、有力地彰显丰富的情感，借此唤起受众的共鸣，具有很强的感染力。①

一是模糊修辞，保护命题不受不必要的批评。法律语言的本质特性决定了精准的表达要求，但瞬息万变的社会现实总是超前于一成不易的法律语言，因而不可回避地要利用语言的模糊修辞尽量多地覆盖到各方各面，如立法上的“严重社会危害性”“危害程度”等语言，案件事实与法律规范对接中的“情节恶劣”“认罪态度良好”“手段残忍”等语言。具体和模糊修辞不可偏废，应进退有据，达成层次分明、针对性强的说理。一方面，运用于对无争议事实的修辞。如在孔某等人故意泄露国家秘密案中，孔某发现学校在英语四级考试的管理中不严格，盗取试卷后联合陈某等人找寻买家，随后出售谋取私利。“管理不严格”这一表述就是模糊修辞，对无争议事实的模糊修辞解决了不必要精准带来的内耗问题，同时对学校不充分履行注意义务进行法律评价，得到“孔某的法律责任因学校的部分不作为而适当减轻”的结论。另一方面，运用于对情节、性质和程度的修

① 参见洪浩、陈虎：《论判决的修辞》，载《北大法律评论》编辑委员会编：《北大法律评论》(第5卷第2辑)，法律出版社2004年版，第424页。

辞。“作案手段极其残忍”“主观恶性极大”“造成恶劣社会影响”等类似的模糊语言对犯罪行为的最终定性将起到关键的作用，也给受众接受信息留有余地，减少了受众的负面反应。最后，运用于对隐私事实的修辞。如在聚众淫乱、强奸、猥亵等案件中，非关键事实的隐私内容不可回避地会被提到，毛举细事是对个人隐私权的严重侵犯，势必会破坏社会的公序良俗，甚至给被害人造成二次伤害。模糊修辞是统筹说明全案情况、回避不妥之处的不二选择，不仅维系了司法裁判的严谨权威，而且彰显了司法的人文关怀。

基于语言本身的模糊性，也需提防模糊修辞的不当运用，避免破坏法律的确定性，掩盖事实真相。如王某军非法收购玉米案中，原审裁判曾尝试解读非法经营罪的兜底条款，但迂回曲折又回到了“尚未达到严重破坏市场秩序的危险程度”的模糊表达，循环往复的论证方式显然难以获得认同。这种对无罪判决实质理由的模糊化是不妥的，不仅模糊了罪与非罪的界限，而且会招致社会和学界的质疑批判。因此，引入模糊修辞应有一定的界限，不能模糊作出案件结论的实质理由，即重点法律法规和关键案件事实。

二是非焦点修辞，提升受众接受观点的可能性。人的意识可分为潜性、显性意识两类，潜性意识不为他人所知，却影响着心理活动、情绪状态和行为动作。人在未意识到信息输入时呈现出最低的防备心理，因此利用潜性意识说服最为有效。若将评价置于话语焦点，受众会明显感知信息的输入，并下意识地进行防备批判，命题就无法进入潜意识；若将评价置于话语非焦点，受众的防备心理将被明显削弱。通过对处于非焦点位置的法律事实、犯罪行为、行为性质等进行修辞评价，让信息直接进入受众的潜意识，在间接增强自身命题力度的同时传播检察官主张的世界观、人生观和价值观，增加接受和认同观点的可能性。如张某、叶某尘故意杀人案中，该案的争议焦点是是否适用死刑，原审裁判没有在量刑上对二被告人的行为进行评价，而是转用“人伦底线”“动机特别卑劣”“手段特别残忍”等程度很重的词汇进行评价，其一是在案件事实清楚、证据确实充分的情况下对二人判处死刑埋下伏笔，其二是彰显了法官的价值理念，即父母理应是子女遮风挡雨的温暖港湾，杀死亲生子女去证实对新关系的忠诚是对道德法治的视而不见，公平正义不应也不会缺席。

三是隐喻修辞，建构直观易懂的说理过程。隐喻是以意象为纽带的一种类比推理，旨在借助于一个事物理解另一个事物。《管子·七法》曰："尺寸也，绳墨也，规矩也，衡石也，斗斛也，角量也，谓之法。"这些看似质朴但又充分表达法的意涵的回答，就是中国古人对"法是什么"的一种隐喻式回答。在国外，美国著名大法官、法学家霍姆斯在 1919 年的申克诉美国案判决书中使用了火的隐喻。[①] 申克为表达自己对强制征兵制度的强烈反抗，采取邮寄的方式散发相关印刷品，法院依据间谍法对其定罪判刑，上诉至最高法院后，霍姆斯认为申克的行为等同于"在拥挤不堪的剧场里假装高呼失火"，即便引用美国宪法第一修正案最宽大的解释也得不到庇护，最终维持了原判。

隐喻最普遍的应用是对大前提法律法规的解释，相较于强硬地允许申诉人做/不做什么的命令式规定，通过申诉人已经理解的事物去理解未知的事物，能够把不易理解的法律变得容易理解，更好地实现叙事劝说的功能。一方面，要选择恰当的语境。隐喻对语境具有高度依赖性，唯有建立在交流者共知共享的知识背景下，隐喻方能发挥应有效用。例如，行为人违反网络实名管理的相关规定，非法注册网络账号并采取系列技术手段突破互联网安全设置，以此大量截取网络商家的会员卡、优惠券等优惠，造成网络商家的严重损失。在这种语境中，行为人使商家以优惠吸引客户的愿景泡汤，卑劣地抢夺了潜在客户的优惠利益，严重破坏了正常的电商活动，社会公众很自然地会把这种行为与破坏生产经营进行关联比较，由此可以将这种行为与"薅羊毛"建立隐喻映射。另一方面，要设定刑法解释的目的。"隐喻不是客观的表述，而是具有明显的价值取向。"[②] 在刑法解释中，这种价值取向就是解释目的，刑法解释前需以特定的目的为引导，

---

① 参见杨德祥：《言论是火：美国法院判决书中的隐喻研究》，载《西部法学评论》2010 年第 6 期。

② 朱建新、左广明：《再论认知隐喻和转喻的区别与关联》，载《外语与外语教学》2012 年第 5 期。

将不法行为与特定法条进行比对，找寻二者的相似性，为应用隐喻铺垫。如在审查认定制作、销售网游外挂程序的行为时，因该行为仅仅复制网游软件的极少程序，与被侵犯软件表现大相径庭，故应围绕侵犯著作权罪中的“复制”进行重点解释。若单纯从语义层面将“复制”解读为网游软件与外挂软件具有高度重合性，则无法规制这种行为。为惩治以原有网游软件为依托，违背相关权利人意愿破译、运用网游通信协议等侵害著作权行为，应充分界定网络行为的特质，进而设定刑法解释目的，拓展“复制”的语义范围至“复制发行”，并建立与制作网络游戏外挂程序之间的隐喻映射。

四是情感修辞，正确唤起与受众情感上的共鸣。情感修辞要求检察官了解受众的心理状态，站在同一的价值理念和道德情感下，以法律精神为引导、规范化表达为基点，激发和调动受众的情感，在成功唤起受众情感之后应逐渐控制和操纵情绪，使其朝着检察官所期望的方向发展，达到情感修辞的目标。于某故意伤害案因“辱母”情节备受关注，中国历来崇尚孝道，儿子目击母亲被辱受伤后进行还击符合朴素正义的家庭教育观，该侮辱行为应纳入刑法的评价范围。然而一审判决忽略了法与情的碰撞冲突，背离社会大众观念的判决自然引发了强烈批判。反之，二审判决始终体现世态人情这一准则，以伦理与法理的整合去消解正义和道德的碰撞冲突。先评价杜某等 5 人的辱母行为系“亵渎人伦、严重违法”，应受到道德和法律的双重责罚，再转而阐述于某导致 1 死 3 伤的严重后果已超出法律许可的范围，表明应负法律责任，最后指出不法侵害者“有错在先”并非还击行为过限的免责条件。通过这种入情入理的情感修辞，在法官与公众之间形成了良性互动的情感共鸣，公众自愿认可、接受法官在法与情冲突下作出的竭力调和，最终接受于某防卫过当的结论。但需注意两个方面的问题。

一方面，警惕不恰当唤起受众的情绪。如行为人早年辍学打工，由于家庭经济困难、对犯罪认识不深等原因盗窃他人财物，如果围绕案发背景等内容进行大量的情感修辞，以此建构出释法说理的情感氛围，激起受众对行为人的同理心，这显然是不恰当的。经历专业教育的法律职业人当然能够理解“不知法者不能免责”的真正内涵，但不应强加于法治意识浅薄的社会受众，在这种运用修辞创造的情感共鸣下很容易根据普遍接受的价值观和道德观而不是法律和逻辑去判断原审裁判是否正当合法，虽然强化了说服力，但基于情感的压力，将会造成受众对案件本身事实问题的漠视疏忽和对修辞烘托的情感氛围的过分关注，最终偏离正常的判断和评价标准。另一方面，避免滥用道德制造“冗余说理”。应当谨慎坚守依法办案与道德论证的合理界限，避免借尊重道德掩盖法律规范，防范法外用情、法外说理。部分案件中肆意引用道德开展激昂澎湃的说理，往往是基于“少年不识愁滋味，为赋新词强说愁”的勉强局促而有意为之。这种仅仅为了渲染情感或者夺人眼球而开展的道德说理已严重侵蚀了说理的初心使命。

（四）构建完善的综合配套制度，确保释法说理的常态化发展

1. 完善纸面释法说理评价体系建设。坚持发挥最高人民检察院关于说理评价体系的路径指引作用，评价标准需因“书”而异分别制定，还应结合刑事诉讼和刑事申诉、民事申诉和刑事申诉等诉讼程序的不同特征表现加以考量，疑难复杂案件和一般简单案件也应体现出释法说理上的“繁简并行、分流有序”。说理评价体系的完善离不开“内外兼修”，内部评价要尽快走出本院这个狭小的空间范围，利用上下检察一体这个制度优势迈向跨区域互评、专项督导评查、重点抽查评查等更宽广的领域。检察系统外的第三方评价机制需进一步夯实，建立包括释法说理检察人才和相关专家学者在内的专家评审委员会，定期进行优秀检察法律文书的评审，推动形成全国性的评审工作机制，将符合法律规范、逻辑思路准确、说理清晰透彻、修辞适用得当、群众广泛认可的刑事申诉结果通知书纳入优秀法律文书，并对基本案情、办案结果、申诉评价等内容进行阐述和展示，反映检察官的实干经验及办案智慧。

2. 建立释法说理的考核奖惩机制。考核与评价息息相关，在评价体系健全完善的基础之上，评价结果应当完整体现在本部门考核、本级院考核、本条线考核中，这样的释法说理才是有刚性约束的，对优秀的释法说

理文书要通过考核机制持续向前推动，引导树立“攀高比强、你追我赶”的良性说理思维。通过研究制定的优秀检察法律文书评审工作机制，切实强化检察人员释法说理的主动意识和责任意识。在提倡激励的同时，还要坚决落实《最高人民检察院关于加强检察法律文书说理工作的意见》中的惩戒举措，突出对违规不愿说理、重大过错说理、造成恶劣影响等情况的追责。

第四章

刑事申诉视野下的被害人司法救助

刑事被害人在遭受犯罪侵害后，其合法权益的损失主要通过刑事附带民事诉讼的方式进行弥补，实践中广泛存在的赔偿不能现象使被害人的赔偿意愿化为泡影，导致生活困境，带来社会不稳定因素。当前，刑事被害人救助制度在犯罪一般预防、实现息诉罢访、弥补制度缺陷等方面具有重要意义，但基于“社会福利说”和“刑事政策说”的救助制度容易带来救助标准不统一、多元化救助不足、救助持续性乏力等异化问题。从长远看，应构建以“国家责任说”和“社会福利说”为理论基础的国家补偿制度，逐渐由临时性、过渡性、分散性救助模式转变为专业统一的刑事被害人国家补偿模式，并结合刑事申诉环节的特点，对专业机构、主导力量、代位求偿等问题予以明确，构建利于身心康复和社会关系重建的社会救助格局。

一、刑事被害人司法救助制度概况

（一）发展历程

刑事被害人司法救助，是指被告人实施犯罪行为造成被害人伤残、死亡或其他严重后果时，因无法从被告人处获取赔偿，导致被害人或其近亲属陷入生活困境，因而由司法机关开展的包括经济救助在内的多种救助举措，旨在帮助解决实际生活困难。[①] 2006 年 12 月，最高人民检察院申诉厅、江西省检察院、北京大学等专家共同起草了《刑事被害人国家补偿法

① 参见周遵胜：《刑事被害人司法救助制度探讨》，载《法制博览》2018 年第 33 期。

建议稿》。2007 年，时任最高人民检察院副检察长孙谦在两会期间提出了《关于制定〈中华人民共和国刑事被害人国家补偿法〉的议案》。[①] 同年，最高人民检察院在《刑事申诉检察工作要点》中倡导有条件的地方可以探索建立刑事被害人补偿机制，刑事被害人救助工作由此在全国检察机关启动试点。2009 年 3 月，中央政法委、最高人民法院、最高人民检察院等八部委联合印发《关于开展刑事被害人救助工作的若干意见》，表明了国家层面对刑事被害人司法救助制度的首次确立，检察机关开展此项工作的职权也由此诞生。2014 年 1 月，中央政法委、最高人民法院、最高人民检察院等六部委联合印发《关于建立完善国家司法救助制度的意见（试行）》，标志着覆盖刑事被害人等多方主体的司法救助制度正式确立。2016 年 8 月，最高人民检察院印发《人民检察院国家司法救助工作细则（试行）》，细化了检察环节刑事被害人司法救助的程序规定，实现了对救助体系的基本构建。2021 年 12 月 28 日，《人民检察院开展国家司法救助工作细则》颁布施行，检察环节刑事被害人救助制度得到进一步发展。

（二）主要特点

我国刑事被害人司法救助制度的纵向发展历程体现了单部门到多部门、建议到规范再到细则、经济救助到社会救助的渐变过程。目前，我国关于刑事被害人司法救助制度还未上升到全国性的统一法律，《关于建立完善国家司法救助制度的意见（试行）》是当前效力最高的政策性文件。就刑事被害人司法救助而言，该意见具有以下几个突出特点：一是范围较广。不仅包括了证人、鉴定人、举报人等参与刑事司法活动的对象，而且新增了因财产型犯罪致生活困难的被害人群体和诉求具有合理性的涉法涉诉信访人。二是条件明确。通过“重伤”“残疾”等文义明晰的词汇替代“严重伤残”“严重暴力犯罪”等模糊法律用语，并排除了对案件发生有重大过错、拒不配合查明案件事实等 7 种不予救助的反面情形。三是程序规

① 参见沈威、陈宇：《论检察环节刑事被害人司法救助制度的完善》，载《现代法治研究》2017 年第 3 期。

范。明确告知、申请、审批、发放等救助程序的4个环节及所需材料、办理时限，缩减拨付救助款期限至2日。四是工作严谨。摒弃了2009年意见中被害人获得救助后被告人又履行民事赔偿义务情况下的代位追偿权，彰显了刑事被害人司法救助救急救困的本质特性。

二、刑事被害人司法救助制度的理论基础

（一）理论评析

当前主流的刑事被害人司法救助的理论基础是国家责任说、社会福利说和刑事政策说三种。国家责任说以国家承担对公民的全面保护义务作为基础，国家通过公权力救济的方式打击、解决犯罪行为，这是对定罪量刑的垄断和公民私权力的否定，那么当公民因犯罪行为无法行使私力救济进而获得赔偿时，国家就应当加入进来作为承担补偿责任的主体，[①] 但该理论容易造成国家对犯罪行为发生的赔偿责任无限扩大，使国家在制度实施过程中处于被动地位，国家财力难以承受。社会福利说以国家承担的通过健全社会安全体系改善弱势群体生存质量义务为出发点，当社会群体遭受犯罪行为侵害而导致身处困境时，国家理应通过提供各种帮助和扶持增进社会群体的福祉，[②] 但该理论易引发刑事被害人的相关救助应当通过普通社会救助而非专业司法救助开展的争议。刑事政策说提供了印证司法正当化的拓展解读，犯罪行为的的确确导致了被害人的现实损失，部分被害人因被告人赔偿不能等状况正身处于水深火热当中，间接影响了社会公众报应情绪的发泄和对司法的信赖感，社会中的不稳定因素将逐渐积累并最终爆发，由于常规制度面对这种窘境时无能为力，如果司法机关再听之任之、放任不管，将带来严重后果。因此，在常规制度之外开辟政策指导下的补救性援助方式就成为司法机关的当务之急，以便替代常规制度发挥应有作用。

---

① 参见田思源：《犯罪被害人的权利与救济》，法律出版社2008年版，第361页。

② 参见卢希起、陈忠林：《刑事被害人国家补偿制度研究》，中国检察出版社2008年版，第48～51页。

（二）基于“社会福利说”和“刑事政策说”的二元定位

国家补偿是由于国家对公民保护职责的不充分履行，进而公平公正地对全部被害人开展补偿，但必须以较为完备的被告人赔偿、被害人救济等机制作为依托，避免国家财政的不堪重负。然而，刑事申诉案件的多发恰恰从反面说明了被害人用尽刑事附带民事诉讼、刑事和解制度、商业保险制度等救济途径后仍无法获得充分的赔偿。相当一部分被害人没有在审查起诉环节获得充分赔偿或救助，导致矛盾纠纷延续到申诉环节。此外，国家补偿制度与社会整体的被害人保护意识息息相关，当国家高度重视被害人权利保障、公民切身感知被害人所处困境时，被害人国家补偿制度方能一马平川。然而，重公权力轻私权利观念的盛行、公众对被害人权利的沉默、被害人民间保护组织的匮乏等现象均表明，在制度衔接准备不充分的情况下，刑事被害人国家补偿制度任重道远。

《关于建立完善国家司法救助制度的意见（试行）》旗帜鲜明地指出，我国的刑事被害人救助制度根植于社会福利理论。原因有 4 个：一是以被害人及其亲属是否生活困难作为确定救助对象的标准，体现的是对社会弱势群体的关怀；二是以物质救助与精神抚慰相结合的方式作为救助内容，旨在体恤困境人群，彰显人道主义关爱；三是当前司法机关在开展救助工作中具有较大的主动性，通过借鉴民事赔偿诉讼中的不告不理原则很容易排除国家责任理论的适用可能；四是倡导社会团体、民间组织等参与救助金的筹措，彰显了刑事被害人救助的社会救济性。基于刑事被害人救助助力脱困的目标和涉法涉诉的功利倾向，为了更加契合社会转型期的社会经济发展状况，结合简便快捷性、财政负担性、公共救济性等特征，还应当以刑事政策说作为补充，这也是对我国实践情况的回应。

三、刑事申诉环节刑事被害人司法救助的倾向性分析

（一）特殊倾向

根据《人民检察院办理刑事申诉案件规定》第 12 条的规定，刑事申

诉案件的申诉人包括当事人及其法定代理人、近亲属，对照《关于建立完善国家司法救助制度的意见（试行）》中关于救助对象的规定，在原审裁判已经生效情况下的刑事申诉环节，救助的对象只能是原案特困刑事被害人，且应当以涉法涉诉信访人的名义进行救助，政策层面排除了对作为刑事申诉适格主体的被告人的救助。基于刑事申诉所处环节及职能定位，应倾向于资金救助以外的社会救助。原因如下。

1. 实际的救助需求与现实的资金缺口之间的矛盾突出。现实中，对被害人损害的恢复存在许多不确定性。首先，由于被告人没有赔偿能力、拒不赔偿等情形，导致现实中大量的被害人应该得到的赔偿不能实现；其次，基于公诉案件中公法益的存在，造成从罚金、没收财产等财产性刑罚中获取的资金无法用于补偿被害人的受损权益；最后，由于被害人救助不具有补偿性质，且有地方财政拨款、救助机构自行筹措等多种来源，救助资金发放存在有限性和不稳定性。在这种情况下，仅依靠资金救助难以满足被害人的实际需求。

2. 因案发时间相对久远，原案被害人已持续遭受犯罪创伤。现行的刑事申诉为无因申诉，原案被害人不受成本制约、不受时间限制、不受申请次数限制向检察机关提起申诉。① 相当一部分原案被害人申诉的根源在于，及时有效民事赔偿的缺位导致生活上深陷困境，原案被害人被逼无奈的情况下唯有通过请求司法机关从重惩处原审被告人的方式，以期能够得到社会的关注，从而或能改善所处境遇。此时，距离案发可能已经过了相当长的时间，实践中大量的陈年旧案涌入也恰恰说明了这一点。对于持续遭受犯罪创伤的原案被害人来讲，身心康复等资金外救助的需求会更加强烈。

3. 申诉人的寄予厚望与审查结案的普遍性形成强烈反差，易形成二次创伤。原案被害人历经长途跋涉来到申诉环节，其对所遭受损害获得弥补的愿望越发强烈，竭尽全力期望回归损害之前的正常状态，从侧面彰显了司法对社会关系的修复作用。现实中，由于对生效裁判再审监督持谨慎的态度，在没有新证据、新事实出现的情况下很难改变原处理决定，大多数

---

① 参见王浩：《刑事申诉检察环节化解纠纷机制研究》，载《法制与社会》2020年第35期。

刑事申诉案件均是以审查或复查结案结束，这对于长期以来持续申诉的原案被害人来说是难以承受的。在修复创伤的愿望落空后，申诉人内心的愤慨将被激发，对司法的公正性、权威性进行质疑和否定，并会引发申诉人通过反复申诉、私力救济等不合法、不理性方式解决诉求的乱象。随着事态的持续弥漫扩散，普通社会公众基于朴素的同理心可能产生被害人心理，进而波及并带来大范围的司法信任度滑坡现象，不满情绪、对抗心理、波及效应等是不容忽视的社会不稳定因素。对于申诉人的损害，在资金不足以弥补的情况下，关注对身心的康复和社会关系的修复应当是刑事申诉阶段开展司法救助的显著特征，以此维持申诉人心中对司法抱持的最低限度的公正诉求。

（二）实用倾向

1. 宏观层面——实现犯罪的一般预防。被害人在遭遇犯罪行为侵害后，强烈希望凌乱无序的生活状况恢复至井然有序的正常状态，很大程度上取决于是否依法获得了充分有效的赔偿。如前所述，通过刑事附带民事诉讼的方式普遍较难实现充分的赔偿，加之被害人的愤恨和报复心理影响，长此以往极易逆变为新的加害人。刑事申诉环节开展救助对于缓解原案被害人异常紧迫的救助需求、维护稳定意义重大，首先，通过提供原审被告人赔偿不能不充分情况下的及时救助，一定程度上弥补或恢复申诉人的损失，缓解申诉人与原审被告人、司法机关、国家社会的对立情绪，从而自觉地对犯罪行为产生抵触，实现不想犯罪的目的；其次，刑事被害人司法救助的确不同程度上缓解了被害人的现实困境，打消了被害人因生活所迫而想去犯罪的念想，达成无必要犯罪的目的；最后，赋予被害人申请司法救助的权利，不仅能够实现预防犯罪的目标，而且也能够避免给被害人带来二次伤害。

2. 中观层面——助推信访工作良性运转。作为具有极强政治性的司法机关，肩负的涉法涉诉信访化解稳控职责是引入刑事被害人救助的正当理由之一。实践中，多数刑事申诉案件已经由多个不同层级的司法机关审查办理，对于原裁判、决定正确却依然反复申诉的原案被害人来说，其中一个重要原因就是实际困难未解决导致对法院裁判、检察决定不认可。在被害人意图通过刑事附带民事诉讼程序弥补损失的愿景落空后，其可能会通过信访、申诉等方式宣泄不满、争取权利。刑事申诉作为监督与自我监督相统一的法定维权途径，处于刑事诉讼的末端环节，申诉人往往寄予厚望，实际上申诉环节监督纠正率极低，此种情况下，在刑事申诉环节开展救助就出现了转机，由于承担着“涉法涉诉信访依法终结”这一目标，将有利于保障和恢复原案被害人对合法权益的紧迫需要，取得原案被害人的支持配合，提升刑事申诉办案的公信力，防范刑事申诉环节异变为“压死骆驼的最后一根稻草”。

3. 微观层面——弥补刑事诉讼等制度缺陷。一方面，在国家追诉主义理念的引导下，被告人的合法权利、国家的刑罚权持续得到扩展和强化，反观遭遇犯罪行为侵害的被害人，境况则大不相同，被害人仅在自诉案件中享有较为充足的诉讼权利，在公诉案件中仅是辅助检察官履行追诉职责的诉讼参与人，包括申请赔偿权等一系列合法权益难以真正落到实处。在权利保障方面，被害人和被告人不可相提并论，“先刑后民”的制度设计就是国家刑罚权优先于被害人权益保障的有力佐证。刑事和解制度在量刑和赔偿之间建立了紧密联系，一定程度上引起了被告人对被害人权益的重视，但由于该制度在案件范围和类型上的局限性，对于被害人权益保障而言仍力不能及，远远无法满足司法实践中众多遭受暴力犯罪侵害的被害人的赔偿需求。检察机关审查起诉过程中的有意或无意忽视必将最终导致被害人权益保护沦为一纸空文。①

另一方面，刑事附带民事诉讼的赔偿范围小、实际执行率低，而《最高人民法院关于刑事附带民事诉讼范围问题的规定》（已失效）对精神损害赔偿的明确排除使得原本身处不利地位的刑事被害人雪上加霜。② 正如《关于建立完善国家司法救助制度的意见（试行）》中所指出的，被告人及

---

① 参见石时态、张坤世：《刑事被害人权利保护机制之反思与完善》，载《中国刑事法杂志》2010 年第 12 期。

② 参见陈景敏：《论和谐社会语境下刑事被害人国家救助制度的构建》，载《政法论坛》2008 年第 4 期。

其他负有赔偿义务的个体普遍没有赔偿能力或能力不足，造成被害人及其近亲属难以及时获得经济损失的赔偿。迫于无奈，相当一部分被害人走上了信访、申诉的不归路。在保持现有司法体制和利益格局基本稳定的情况下，刑事被害人司法救助制度无疑是弥补刑事附带民事诉讼等制度不足的现实必要选择。

四、刑事申诉环节刑事被害人司法救助的倾向性带来的问题

（一）司法救助制度定位模糊、多元化救助缺失

原案被害人由于遭受犯罪行为的创伤，实际需求呈现多元化特征，不仅包括资金救助、医疗救治等共性生存需求，而且还包含心理干预、起居照料等个性特殊需求。由于将刑事申诉中的救助定义为特困救助，在信访矛盾化解的价值理念引导下，重共性轻个性、重经济轻能力的现象比比皆是，精细化分类的缺欠与多元化需求的现实形成了鲜明对比。究其根源，还是在于经济救助对实现息诉罢访的目标更为直接有效。以经济救助为主的救助方式使检察机关陷入两种困境，一是相当一部分申诉人在拿到救助金前不愿签订息诉罢访承诺书，检察机关被迫以先垫付的方式换取承诺书，这并非属于急需救助等既定的垫付情形，有违政策本意，而且给后续资金审批带来了很大的不确定性；二是部分申诉人在对放弃申诉权利换取为数不多的救助金综合衡量后，不愿妥协和让步，选择继续申诉维权。以上两种情形均忽略了对申诉人合法权益的关注，背离了司法救助的本质，容易让社会公众形成“花钱买平安”的错觉。此外，原案被害人司法救助的启动程序也能够佐证息诉息访的意图。虽然相关规定均明确应由原案被害人或近亲属提出司法救助申请，但实践中，检察机关主动告知申请司法救助权利、协助申请主体准备材料仅仅是表面形式，原案被害人获得司法救助金实质上多出于检察机关信访维稳的目的主动启动，并主导程序走向，最终决定以司法救助换取罢访息诉的承诺，原案被害人只不过是出于自身利益考虑顺势而为。

（二）司法救助易导致监督纠正不到位

司法救助目前尚无立法层面的法律规定，《关于建立完善国家司法救助制度的意见（试行）》和《人民检察院开展国家司法救助工作细则》是检察机关履行司法救助职能的主要依据。由于司法救助的对象与条件不够具体明确、缺乏立法制约，造成检察机关开展司法救助时更多考虑资金来源是否充足、被救助人是否存在较大风险隐患等案外因素，较少考虑原案被害人因犯罪受损的程度等内在情节，对个案的任意选择导致司法救助丧失普遍性和严谨性。凡此种种，均源于制度的模糊性和封闭性，检察人员的理解偏差和能力不足进一步加剧了新型社会不公平现象的发生，司法救助单方给付的特性和救助后异议程序的缺位，也使得外部监督无法进入司法救助程序对选择性履职问题开展纠正。

（三）司法救助的持续性不足

刑事被害人司法救助的主要法理基础是社会福利理论，这种救助往往更多是临时性和安抚性的，由此带来了救助标准较低的问题。上年度职工月平均工资36倍之内、不超过法院应判决的赔偿数额是仅有的关于司法救助标准的明确规定，这一标准主要考虑的是国家财政的可承受度。实际上，各级财政“分灶吃饭”，配套状况各有不同，分配不均亦在所难免，导致司法救助资金不稳定，更多地停留在政策层面，缺乏可持续性。有限的救助资金使得个案的救助金额呈现较大弹性，救助金额分配不公平现象时有发生。

五、刑事申诉环节刑事被害人司法救助的制度构建

当前，刑事申诉中开展司法救助主要是针对原案诉讼环节没有覆盖以及救助后仍然面临生活困难的原案刑事被害人，目标主要是救急救困、生活保障、精神抚慰。信访制度作为党领导下的民主政治制度，在汇聚民智民意、维护群众权益、加强民主监督等方面发挥了重要作用，信访将长期持续存在，原案被害人救助也不可避免地要与涉法涉诉相关联，但从法治

进程来看，未来至少应当在理论层面剥离这种功利价值导向。结合刑事申诉阶段的特点，应当遵循“先作经济上的支援及基本权利的保障，再作精神以及实际的支援，然后再求损害的恢复”的总体发展轨迹。具体而言，短期内应坚持实用主义倾向下的经济支援为补充，精神及其他社会帮扶为主体，通过原案被害人经济救助与政府主导的社会救助紧密结合，织密原案刑事被害人的救助网络，并在一定程度上弱化司法救助异化的问题；长远来看，随着法治进程的不断推进，被害人诉讼权利保障等制度得以完善，刑事政策理论下的实用主义倾向必然会被立法取代和吸收，因此需要从理论层面剥离司法救助的涉法涉诉导向，建立国家责任理论下的以经济支援为基础，以被害人保护组织等民间力量主导的身心康复、社会关系重建为重点的刑事被害人国家补偿制度。

（一）短期目标——充分发挥申诉阶段优势，构建政府主导的多元化救助格局

1. 立足“刑事政策说”的实用主义倾向，促进申诉阶段经济救助与权利保护相统一。在我国刑事诉讼制度设计上，被害人大多无法主动地公开陈述意见，对比刑法赋予被告人的辩护权、控告权等主动权利，被害人被动的角色定位决定了其很难与被告人抗衡，被害人对于原司法办案成效不满意的结果较为常见。在刑事申诉环节，原案被害人和原审被告人均系适格的申诉主体，具有积极参与的机会与地位，在保障申诉人知情权、参与权以及代理律师阅卷权、会见权等权利的基础上，引入司法救助更有助于申诉人实现其物质损害与权利损害的补偿平衡。“刑事政策说”理论下的司法救助秉持“救急救困不救穷”的原则，凸显救助金维系基本生活而非弥补犯罪损害的本质特征。在资金救助上应关注以下两方面问题。

一是强调对司法救助金代位追偿权的舍弃，凸显救济定位。2014 年《关于建立完善国家司法救助制度的意见（试行）》明确了国家对代位追偿权的舍弃，从我国当前司法救助的应急性定位考虑，理当如此。当前的司法救助不具有国家补偿的性质，具有保障基本生活和息诉罢访双层含义，唯有具有普遍性的国家补偿才有代位追偿权。如若引入代位追偿权，申诉

人事先已经清楚知晓后续的民事赔偿会扣除当下获得的救助金，那么势必会对息诉罢访协议的签订造成障碍，从一定层面上来讲也会影响犯罪的一般预防。实际上，司法救助金和被告人赔偿是基于不同责任形式而形成的不同性质的给付，不会导致申诉人客观上“双重获利”的理论争议。

二是明确司法救助金标准，一定程度缓和不规范和公正性缺失现象。由于政法委的审批、财政部门的拨款均没有相应的期限限制，容易造成救助金流转的迟缓、滞后。检察机关可以按照年度预算先行申请专项资金或者先行垫付救助金，实现资金的快速审批下拨，从源头上避免资金不足可能引发的不公平现象。此外，救助金额有最高额规定却没有针对个案的具体标准，易造成救助的任意性。刑事申诉中开展救助的本质功能是确保原案被害人获得最低程度的生存保障给付，救助金额的相关规定并不意味着最高额之下的肆意裁量，更不能以信访风险作为唯一衡量标准，而应当根据损害与困难的正比关系，以实际损害为标准开展救助，这样一来救助金额不仅有明确的标准，而且具有相对的合理性。在上限之下可以细分为原案被害人的基本医疗和生活费用，以及原案被害人因犯罪致死后的近亲属基本生活费用三类内容进行救助，综合考虑原案办理过程中已获得的赔偿以及后续医疗、生活费用的必要性、相当性、合理性等因素。

2. 立足“社会福利说”的多元主义思想，推动经济救助与政府主导的社会救助有效衔接。“社会福利说”把对被害人的帮扶看作国家出于改善公民生活待遇的责任而给予的一种福利，展现出国家层面的善意，为司法救助和社会救助的无缝衔接提供了可能。从逻辑的角度看，刑事被害人救助处于社会救助的外延之内，是一种具体的社会救助措施。[①] 当前，应当坚持政府主导的多元救助格局，以个案情况为基础，依照政策灵活处理，解决司法救助后依然生活困难的原案被害人的具体问题，如以检察人员综合履职和争取公益机构支持相结合的形式，对需求人员开展心理干预治疗；以协调康复机构的方式，满足因案致残等行动不便原案被害人的持续治疗需求；对接法院协调、督促解决附带民事诉讼执行难、执行慢等问

① 参见占美柏：《论社会救助权》，载《暨南学报（哲学社会科学版）》2012 年第 8 期。

题；协调民政、教育等部门，通过落实监护、启动转学等手段推动解决未成年被害人义务教育受阻等问题；协调社区做好遭受性侵害妇女儿童的信息保密、隐私封存等工作，避免二次伤害。此外，通过“检察＋民政”的方式，向符合社会救助条件的原案被害人提供必要的政策法律支持、转介扶助服务，必要时以单列低保指标的方式发挥输血功能，通过“检察＋劳动”的方式，向具备劳动资格、能力或创造创业意向的原案被害人传授知识技能，必要时通过单列公益岗发挥造血功能，提升救助层次。

（二）远景方向——引入国家责任理论，从救困、维稳转向被害人权益保护、公平正义实现

1. 确立“国家责任说”和“社会福利说”的二元定位。在被告人没有全面履行赔偿、补偿义务的情况下，无论是国家司法救助还是政府主导下的社会救助，帮扶力度和风险分担均极为有限，只能起到临时性的救助功能，往往较难满足恢复原状的现实需求。① 站在政治的视角，国家通过充分、全面的补偿能够获得被害人和社会公众对司法制度的配合支持，在预防和追诉犯罪过程中形成更为紧密的“统一战线”。实际上，刑事被害人国家补偿理论已经具有一定的法律依据，我国宪法对公民财产权、人身权以及特殊情况下物质帮助权的保护蕴含了对刑事被害人权利的保护。在国家赔偿中，国家通过物质、精神等方式抚慰遭受不当追诉的被告人，采取系列补救措施保障其合法权益，使得原本失衡的刑事诉讼程序重新达到动态平衡，彰显刑事诉讼程序的公平正义。从这一点来看，国家赔偿和国家补偿作为两种不同的救济制度，具有相同的价值追寻，体现了受损公平正义的修复和国家层面的责任担当，国家补偿有条件有基础被社会认同。长远来看，在被告人赔偿以及被害人救济机制日趋完备，全社会保护被害人的权利意识提升至较高水准，致力于被害人权利保障的民间组织较为充足的情况下，应当正式确立基于分配正义的国家补偿责任，促进被害人权利保护和损害补偿的统一化，还原司法救助的原来面貌。国家对被害人补

① 参见王利明：《建立和完善多元化的受害人救济机制》，载《中国法学》2009 年第 11 期。

偿的深层次原因在于平衡被害人失衡的心理状态、修复受损的社会关系，从而加快社会的净化进程，有效维系社会秩序稳定。针对国家责任可能无限扩大的情况，应当以社会福利论限缩范围，仅对社会上的弱势群体加以救助，以刑事被害人的生活陷入极其困难局面等为标准，这样可以在一定的程度上缩小刑事被害人补偿对象。

2. 对刑事被害人国家补偿进行单独立法。在政策发展导向上，我国的刑事被害人救助从专门的刑事被害人救助制度逐渐过渡至统一的国家司法救助制度，这种转变难以有效彰显国家对被害人合法权益的保护力度，更不利于全社会形成关怀被害人合法权益的理念。现行的救助规定属于政策性文件的范畴，政策虽然也可以起到调节社会关系的作用，但是与法的确定性存在不可调和的矛盾，政策无法取代法律直接调整社会关系，这是法治国家不能允许的。在法治大背景下，政策与法律呈现此消彼长的动态关系，法律应当对政策进行有效回应，并吸纳政策中的有益精神和思想，但是法律的独立性品格不容颠覆，政策绝不能居于主导地位，这是法律取得权威性、稳定性和合法性的根本路径。刑事被害人救助制度理应通过立法而独立于政策，摒弃理论层面的信访化等实用主义倾向，实现赔偿范围、赔偿标准以及赔偿程序等的规范统一，回归司法救助的初衷，公平公正地保障刑事被害人的合法权益。[①] 相比于其他司法救助，刑事被害人救助制度具有相对独立的品格价值，因而应当单独立法规定而非作为国家司法救助立法的组成部分，以便从根源上解决司法救助在实践中的各类棘手难题。具体而言，法的指引性利用其公示效应对社会公众进行普遍指引，从而使国家补偿惠及所有符合条件的刑事被害人，避免司法救助沦为息访息诉的工具。法的普适性通过具有强制力的约束和开放透明公平的救助程序得以避免选择性履职的异化。法的层级性要求救助金来源渠道的确定性和稳定性，解决了因审批程序不固定带来的资金不确定性问题，有力地遏制了因救助金稳定性差导致的异化现象。法的强制性则进一步夯实了救助的

① 参见董文蕙：《犯罪被害人国家补偿制度基本问题研究》，中国检察出版社 2012 年版，第 54 页。

常态化特性，凸显检察机关履职的公示公信。刑事被害人救助是与社会救助并行不悖、互相衔接的救助方式，随着“中华人民共和国社会救助法”向社会各界征求意见进程的推进，刑事被害人救助相关立法也应适时提上日程。

3. 构建经济、社会救助并行的被害人权益保护格局。经济上的支援及基本权利的保障必不可少，精神抚慰等社会救助同样不可或缺。

一是确立代位求偿制度，彰显国家补偿定位。基于国家补偿的性质，刑事被害人司法救助具有较大范围的普遍性，应当重新确立国家的代位追偿权。在原案被害人获得救助金后，如果原审被告人具备民事赔偿能力并积极予以赔偿，此时该补偿责任已转嫁由原审被告人依法履行完毕，那么就应当免除国家的补偿责任，检察机关应当及时追回，避免一个犯罪行为获得两次补偿，从而有违公平原则。还有一种情形也需关注，即原案被害人获取救助金是不应当、不合适的，原因包括原案被害人采取不正当手段、检察机关履职瑕疵等，此时检察机关也应当及时追回。

二是灵活创建救助资金，解决救助后劲不足问题。资金来源问题从来不是我国特有的问题，而是世界各国共同存在的问题，资金来源与整个国家的经济发展水平、社会稳定状况等息息相关，直接影响到国家开展被害人救助工作的水平高低。纵观世界各国，美国具有丰富多元的资金来源途径，基于国家层面创立的特别基金会，可以在很大程度上通过社会捐赠解决相当一部分救助难题。此外，还有一些国家或地区另辟蹊径，以没收的被告人财产、罪犯服刑期的产出作为部分资金来源，避免了资金来源匮乏的弊端。上述这些举措都会不同程度地减少政府的财政预算。可以借鉴上述经验，建立国家层面的救助基金，以此作为刑事被害人救助资金的主要来源，该基金可以以财产刑处罚的罚金、没收财产和违法所得等国家财政收入为主体，由国家财政拨款并专款专用，面向社会公开接受监督。① 此外，还需加强与慈善总会、红十字会、乡村发展基金会等大型社会团体的

---

① 参见吕晓刚：《论刑事被害人国家补偿资金的筹集与管理》，载《内蒙古农业大学学报（社会科学版）》2011 年第 2 期。

合作，实现资金来源的持续有效拓展，降低国家财政的负担，可以主要用于解决救助后的相关遗留问题，如心理治疗、赡养老人、就业培训等，让原案被害人无后顾之忧，以全新的姿态融入经济社会发展进程。

三是合理界定救助范围和标准，解决不规范、公正性缺失问题。在世界各国中，大部分是采用全国立法形式约束规范刑事被害人救助工作，并将财产损失排除在范围之外，补偿范围主要以犯罪主观方面、行为性质、侵害法益以及损害程度等要素的单列或混用进行划分，呈现多样化的特点。[①] 以被告人的主观态度判定救助范围是对处于核心地位的被害人的漠视，由此可能导致对因过失犯罪导致严重损失这类案件的排除，有违国家补偿定位的公平性；以暴力犯罪这一行为性质划分范围，暴力犯罪概念的争议性，必将导致被害人救助犯罪出现争议；而以犯罪侵害法益界定范围又会导致案件范围过大从而不利于实务操作。站在公正开展刑事被害人救助工作的视角，全面考量损害程度并将其作为确定救助范围的黄金标准，能够科学合理地划定救助界限，避免过犹不及和矫枉过正。

具体而言，应将补偿对象缩减至因犯罪行为侵犯人身权导致重伤或死亡严重后果的范畴，既包括直接被害人也包括间接被害人，考虑到国家财政负担、财产权的价值位阶、财产犯罪带来的“微痛感”等因素，可以将财产损失排除在外。当前，无论是政策性文件还是地方性法规，大多习惯以多梯度固定数额作为救助标准，基于立法的稳定性和普适性特征，救助金额的固定模式难以适应时代的快速发展，造成相对稳定的立法滞后于变动不居的社会的弊端，这是对法律权威性和普适性的严重挑战。考虑到社会公众的平均生活水平，救助数额可以以职工上年度平均工资的一定倍数作为基本标准，在保持法的稳定性的前提下同时兼顾到当下经济发展水平，更具合理性和可行性。此外，对有过错的被害人应当减少补偿数额或者不予补偿，主要是出于国家责任理论下公众支持配合度的高低来考虑，这样也可以为真正有需要的刑事被害人提供救助。

四是专设工作机构，解决监督纠正不足问题。在资金分配均衡且充足

---

① 参见王瑞君：《刑事被害人国家补偿研究》，山东大学出版社 2011 年版，第 168 ~ 170 页。

的情况下，精准高效地给付被害人迫切需要的救助金是被害人救助制度发展的目标追求。实践中，零散分布的救助机构不仅带来了管理上的凌乱无序化，而且也不利于“统一口径”“协同作为”，重复救助、推诿扯皮等现象时有发生，既浪费资源又无济于事。通过专业的救助机构实现救助资金统管势在必行。在国外，英国、德国、美国等国家独立设置了专门的救助机构，日本、韩国等国家则是附属在其他的机构中，如日本是附属在公安部门，韩国附属于检察院。我国检察机关承担着指控犯罪的公诉职权，其角色定位与被害人具有高度同一性，检察机关在调查取证方面相比其他机关更有优势，有利于将刑事被害人救助工作落到实处。① 司法实践中，检察机关在刑事被害人救助工作中也一直处于主导地位，持续发挥着中流砥柱的作用，立法层面应当作出相应的回应，可以在检察机关的 12309 检察服务中心分级创设统一的刑事被害人救助委员会，发挥功能集成和窗口对外等优势，负责分配使用刑事被害人救助金，对外协调联络社会救助，推动一体安排、协同发力，压降人财物等成本的投入，极大地提高救助效率和效果。外部的人大监督、政法委监督和内部的层级监督、审计监察作为限权的必要方式，不应缺席也不能缺席，通过定期不定期监督和适时的公示公开实现被害人救助工作的透明公正。

五是形成检察启动、政府扶持、民间主导的社会救助格局。长期来看，单纯依靠检察机关以全面履职或延伸履职的方式对资金救助以外的社会救助大包大揽，既与检察机关的法律监督机关定位相矛盾，又不具有长效性，亦与刑事被害人的实际需求脱节。面对如何持续有效开展社会救助这一难题，英美等国家地区提供了有益参考，均采用“资金救助与社会救助双轨制”推进举措，其中资金救助由政府相关单位主导负责，而社会救助则在政府指导的前提下由民间力量主导开展。如英国 1974 年成立的被害人支持协会、美国 1975 年成立的援助被害人全国联盟等都是具有慈善性质且规模较大的民间团体。民间力量拥有更雄厚的资金支持，通过发挥自身贴近大众、灵动便捷等优势，能够迅速、精准地找到被救助对象的最迫切

---

① 参见兰跃军：《刑事被害人人权保障机制研究》，法律出版社 2013 年版，第 396 页。

需求，并提供更加优质的救助。为达成对被救助对象全面、长效保护的目的，我国应当成立和发展由政府支持的公益性、专业性的民间团体。基于被害人身心康复、社会关系重建的长期性、艰巨性以及刑事诉讼程序的短期性、时效性之间的矛盾，在刑事申诉办案环节开展社会救助具有先天优势，通过刑事被害人救助委员会的能动作为，构建政府多职能部门参与、民间力量主导的社会救助体系，积极鼓励保险行业、公益组织等参与主导，由相关职能部门开展政策指导和资金扶持，为民间团体能动作为让渡充足的空间。精神抚慰作为重要一环，通过专门机构或组织一对一的长期稳定结对帮扶，为遭受犯罪侵害的被害人带来最佳的治疗方案和场景，打破被害人孤立无援的惶恐状态，助力被害人从痛苦、困扰和偏执中尽早脱离，将被害后形成的被告人和被害人关系转化为被告人和社会人的关系，引导其回归正常生活。

我国的刑事被害人救助发展方向遵循了从政府主导到民间协同、从资金救助到关系修复的发展路径。从世界各国的刑事司法趋势看，在理论层面厘清被害人救助的责任基础、摒弃涉法涉诉信访的功利主义倾向势在必行，并循序渐进地由片面恩惠主义下的被害人救助过渡至全面分配正义下的被害人补偿，彰显权益的保护和一体化帮扶，这种一体保护由刑事申诉办案部门承担具有先天的优势和条件。展望未来，随着被害人诉讼权利保障制度的完善，在更为周密的社会救助和社会保障体系构建之后，被害人保护应当适度向身心康复、社会关系重建倾斜，这些均依赖于政府指导下被害人保护民间团体功能的强化，承担法律监督职能的检察机关责任重大。

第五章

刑事申诉律师代理制度

刑事申诉虽然是检察机关履行法律监督职责的最末端环节，但是在防纠冤假错案、保护合法权益、钝化矛盾纠纷、修补社会关系等方面起到了正向的积极作用。伴随着人民群众维权意识的日益觉醒，现代化的司法理念已然逐步确立，审查透明度低、申诉人参与感差、释法说理不到位等刑事申诉的“老毛病”，却在一定程度上影响制约了滥申诉、息诉难等问题得到根本解决。[①] 作为一种行之有效的刑事司法救济措施，当今社会普遍关注刑事申诉制度的健全完善，理论界、实务界在对现行制度机制反思实践的过程中，更加普遍也更加强烈地意识、感受到律师在刑事申诉案件办理中不可替代的重要作用。新时代随着民主法治建设进程的加快，实现国家治理体系和治理能力的现代化，也在客观上要求对刑事申诉包括律师代理在内的理念、程序、技术和制度等方面进行传承和发展。党的十八届四中全会作出《中共中央关于全面推进依法治国若干重大问题的决定》（以下简称《依法治国决定》)，就明确提出“强化诉讼过程中当事人和其他诉讼参与人的……申诉权的制度保障”“对不服司法机关生效裁判、决定的申诉，逐步实行由律师代理制度”。作为涉法申诉体系中不可或缺的重要组成部分，在刑事申诉中更加广泛深入地推行律师代理制度既是大势所趋，也势必对完善律师代理制度、保障刑事申诉人权利正确行使、构建社会主义和谐社会产生深远的历史影响。

① 参见田继红：《律师代理刑事申诉制度必要性及可行性》，载《法制与社会》2015 年第 34 期。

一、律师代理刑事申诉案件的现实意义

新时代，随着我国经济社会的持续发展和人民生活水平的不断提高，人民群众对民主、法治、公平、正义、安全、环境等方面的要求日益增长。反映到刑事申诉领域，大量的案件开始进入检察环节。以2013年为分水岭，检察机关接收信访总量由2012年的42.6万件激增至83.1万件，之后都保持在年均100万件左右，[①] 其中有相当数量的刑事申诉案件。此后，信访总量在到达峰值后平稳回落，但仍长期保持在高位运转。2018—2022年全国检察机关接收信访量分别约为79.48万件、93.95万件、92.73万件、89.5万件、77.7万件，[②] 其中仅2018年全国检察机关受理的刑事申诉案件就有1.6万余件。[③] 居高不下的刑事申诉案件既反映出新时代人民群众对民主、法治、公平、正义的追求，同时也把刑事申诉中诉讼程序失范、诉访矛盾杂糅、法律权威受损、终而不结等问题更加直接直观地推上了“前台”。一些检察实务中遇到的突出难题亟须进行高效治理，比如，合法与不合法的申诉案件混杂在一起，致使难以精准分流导入司法办案程序，由此带来的重复申诉、多头申诉等空耗了有限的司法资源，甚至出现申诉量攀升、有效处理量却相对减少的恶性循环；非必要的申诉、依法应当终结处理的申诉，长期得不到有效治理也难以有效疏导、化解矛盾纠纷，其中一些问题在激化后甚至引发群体性事件。针对社会治理现代化进程中暴露出的这些问题，习近平总书记提出“要积极回应人民群众新要求新期待，坚持问题导向、目标导向，树立辩证思维和全局观念，系统研究谋划和解决法治领域人民群众反映强烈的突出问题，不断增强人民群众获

---

① 参见闫晶晶：《控告申诉检察的“变”与“不变”》，载最高人民检察院官网，https：//www. spp. gov. cn/spp/zdgz/202110/t20211022_ 533117. shtml。

② 《2018年全国检察机关主要办案数据》《2019年全国检察机关主要办案数据》《2020年全国检察机关主要办案数据》《2021年全国检察机关主要办案数据》《2022年全国检察机关主要办案数据》，载最高人民检察院官网2019年10月30日、2020年6月2日、2021年3月8日、2022年3月8日、2023年3月7日，https：//www. spp. gov. cn/xwfbh/wsfbt. shtml。

③ 崔晓丽主持：《新时代四大检察网络访谈》，正义网2019年2月28日播出。

得感、幸福感、安全感，用法治保障人民安居乐业”。[①] 在检察环节刑事申诉案件中全面实行律师代理制度正可谓运用法治手段解决群众反映强烈的法治问题，增强人民群众获得感、幸福感、安全感，以法治保障人民安居乐业的一条可行之道，既有其理论的科学性，也有基本的法律依据，更有现实的必要性。

（一）律师代理刑事申诉案件有助于司法机关和申诉人的良性互动

沟通不畅、沟通失灵是久诉不息、公开审查办案机制被质疑、司法权威受挑战的重要因素。检察机关在党的绝对领导下，必须全面贯彻落实党的群众路线，把全心全意为人民服务的宗旨要求贯穿体现在每一个案件中。但申诉人大都没有接受过系统的法律专业学习，除了有限的法律知识外，主要运用朴素的情感和一般的社会常识对法律法规、证据运用等进行理解，进而针对具体案件作出简单的分析判断。许多申诉人对刑事申诉办案程序的期限规定、受理审查复查标准、证据标准要求等认识和把握都不到位、不准确，可能仅仅因为一处笔误、一份证言反复、一次申请回避未采纳就坚定、片面地断定司法办案有“猫腻”、有错误，拒绝接受任何与其意见不一的释法说明。为了强化自身的正确性、正义性、正当性，在与审查办案单位及承办人意见相左时，常常直接抛出“办案走过场”“拖延时间”“官官相护”“司法腐败”等大帽子，从情感上抵制与检察机关进行理性交流。由此形成的诉累，既使申诉人虚耗了大量的时间精力甚至钱财却解决不了问题，又容易造成社会公众对司法机关的信任滑坡，波及司法公信力，亦和检察机关坚持党的群众路线、以法律监督维护群众合法权益的宗旨要求不相符。在刑事申诉中实行律师代理，可以通过第三方力量拉近原本抗拒的双方距离。一方面，作为法律专业人士的律师，可以有效弥补申诉人法律专业知识不足的局限，引导申诉人理性、全面、高效地行使刑事申诉权，提高司法资源的利用效率，防止申诉人由于不理解、不信

① 习近平：《坚定不移走中国特色社会主义法治道路　为全面建设社会主义现代化国家提供有力法治保障》，载《求是》2021 年第 5 期。

任等原因或诉求得不到支持后无度地耗费时间精力。另一方面，作为申诉人合法权益维护者的律师，既能从法律专业的角度对办案开展全过程、全流程进行监督，更好地维护申诉人的法定权利；又天然地易于赢得申诉人的信任，可以在依法行使代理权的过程中，以申诉人易于接受的形式最大限度地还原案件事实真相、释明裁判或决定的法律依据。

（二）律师代理刑事申诉案件有利于兼顾公平正义和司法效率

长期以来，传统文化思想深刻地影响着人民群众的思维方式和行为模式，在需求表达和利益诉求上，“青天”意识、“击鼓鸣冤”维权等封建时代法制文化产物有广泛而深厚的社会根基。“信访不信法”普遍地存在于民众思想深处，许多人将刑事申诉问题简单地归为信访问题处理，导致刑事申诉程序被架空，使本应进入法律程序的刑事申诉案件游离在法治轨道外，已经穷尽司法程序和法定救济途径的信访问题却大量消耗宝贵的司法资源，结果导致刑事申诉权的泛化，干扰影响了公平正义更好更快实现。[①] 2015 年，中央政法委聚焦于解决控告申诉案件入口不畅的难题，制定下发了《关于建立涉法涉诉信访事项导入法律程序工作机制的意见》，着重对“诉”与“访”的标准进行明确，严格划分了诉类事项与访类事项，并且对应当导入各种法定程序的多种情形作了列举说明。根据“诉访分离”原则，受理刑事申诉案件应当依照溯源治理的精神，从源头筛查重复申诉、无因申诉等，将符合法定受理条件的案件引流进入办案程序，不仅能够实现对司法资源的充分高效利用，而且还能大大降低诉累，更好更快地在程序上实现公平正义。但在检察实践中，一些申诉人要么对什么是信访问题、什么是刑事申诉问题知之不详、辨识不清，要么是抱有“以访压法”的期待，刻意回避法定正当程序，结果导致刑事申诉的“五个无限”：申诉主体无限、申诉次数无限、申诉层级无限、申诉期限无限、申诉理由无限。由于现行的刑事申诉制度缺少高质效的“诉”“访”过滤机制，或者

---

① 参见检察日报社评：《让公平正义可感可触可见》，载《检察日报》2023 年 3 月 27 日，第 1 版。

说是刑事申诉案件的“繁简分流”机制，因此也有必要引入第三方主体即律师介入刑事申诉案件受理前的审查工作，依据法定标准对刑事申诉案件进行分类划分。律师代理刑事申诉可以对申诉人不清楚是否可以提起申诉的案件进行把关，利用专业法律知识帮助审查原生效裁判是否存在错误之处，并进一步审查这种错误究竟是真的错误还是假的错误。如果是真的错误，究竟是全案出错还是局部有误，究竟是实体不清还是程序瑕疵，究竟是采纳证据存疑还是适用法律不当，如果是假的错误，究竟是源于申诉人自身理解能力不足还是检察机关释法说理不妥，这显然能够帮助申诉人下定是否提起刑事申诉的决心，帮助减少申诉人的无效申诉，在兼顾效率的前提下维护公正，促进司法公信力的提升。

（三）律师代理刑事申诉案件有益于深化检务公开并实现定分止争

正义不但要实现，而且要以人民群众看得见的方式实现，不仅要正确适用法律、公正办案，还要坚守司法办案过程的中立性、无偏私性、审查处理的及时性，让正义看得见、摸得着，只有这样才能真正落实“努力让人民群众在每一个司法案件中感受到公平正义”的目标。在漫长的检察实践过程中，刑事申诉的办案机制得到了稳定持续的优化、发展和壮大，从一开始的封闭式书面审查办案，到一对一的面对面式调查办案，再到多方主体共同参与的公开审查办案，申诉人享有的权利得到了充分的尊重和保障，刑事申诉办案机制也朝着越发公开透明的方向进化。为了进一步深化检务公开，增强办理刑事申诉案件的透明度，接受社会监督，保证办案质量，促进社会矛盾化解，维护申诉人的合法权益，提高执法公信力，最高人民检察院在颁布《刑事申诉案件公开审查程序规定》明确公开审查的标准要求后，又在《人民检察院办理刑事申诉案件规定》中强调了刑事申诉办案“公开公正”的原则，细化了公开听证、公开答复等具体办案方式。但时至今日，刑事申诉办案仍在社会上被贴上封闭、不透明的标签，也影响了矛盾纠纷的高效化解。律师代理刑事申诉的实质在于，把律师当作提供专业法律服务产品的特定人员导入刑事申诉办案，由于代表的是申诉人的利益，律师在参与刑事申诉案件办理的过程中，既可以站在专业代理人的角度对案件事实展开调查研究，通过向检察机关提出精准的意见协助把握案件事实，强化申诉人对司法裁判公正性的认可；又可以站在职业法律人的独特视角，对原案和申诉办理的全过程开展实时有效的跟踪监督，确保刑事申诉办案程序合法公正。而且，律师能帮助申诉人更加合理地预判申诉结果。对处理决定正确的生效裁判，即使申诉人起初难以接受或与申诉条件相悖的，作为无利益冲突的独立第三方主体，律师能够心无旁骛地全身心投入开展心理疏导、争取救助帮扶等工作中，在维护司法裁判既判力和解决申诉人实际困难之间达成平衡，避免因不理性申诉带来的司法资源浪费。除此以外，律师作为专业人士也能够把申诉风险防范意识放在首位，对申诉人理性维权作出准确判断和有益提示。一言以蔽之，律师代理刑事申诉既有益于健全检察监督运行机制、推动检务公开走深走实，以“看得见的方式”实现申诉权利、维护司法公正；又有益于维护法律正确实施、纠正司法机关的错误裁判、决定，为化解“终而不结、无限申诉”难题提供法治化解决方案。党的十八大以来，以习近平同志为核心的党中央，把全面依法治国摆在“四个全面”战略布局之内，提出共同推进依法治国、执政、行政和一体建设法治国家、政府、社会的全新理念，要求从法律规范、法治实施、法治监督、法治保障、党内法规 5 个方面统筹发力推进，领导解决了许多想解决而未解决的法治难题，办成了许多想办而未办成的法治大事，开创了依法治国的鲜活生动局面，为中国法治建设再添浓墨重彩的光辉历史成就。为深入落实习近平法治思想、贯彻党的十八届四中全会精神，中央政法委相继印发《关于建立涉法涉诉信访事项导入法律程序工作机制的意见》《关于建立涉法涉诉信访执法错误纠正和瑕疵补正机制的指导意见》《关于健全涉法涉诉信访依法终结制度的实施意见》《关于建立律师参与化解和代理涉法涉诉信访案件制度的意见（试行）》等，为深入推进涉法涉诉信访改革，完善发展诉访分离、律师代理申诉、审级终结等制度提供了理念导引、政策支持和顶层设计。

当前，虽然现行法律尚未对律师代理刑事申诉案件进行体系化的规范，律师在刑事申诉中的代理模式、权责范围等也规定得比较模糊，但《宪法》《刑事诉讼法》等法律法规还是为深化探索、全面推行律师代理刑事申诉提供了基本的法律遵循。《宪法》第130条和《刑事诉讼法》第11条都规定“被告人有权获得辩护”。《刑事诉讼法》第4章“辩护与代理”也规定可以委托一至二名律师作为辩护人或代理人。这些规定并没有将委托律师的权利限定在普通程序阶段，也没有排斥律师在刑事申诉阶段接受委托。《律师法》第28条第4项则规定律师可以“接受委托，代理各类诉讼案件的申诉”。中华全国律师协会印发的《律师办理刑事案件规范》也在第16章专门规定了律师代理刑事申诉案件的委托主体、申诉程序、执业权利等内容。《人民检察院办理刑事申诉案件规定》第12条第2款明确规定：“申诉人委托律师代理申诉，且符合上述条件的，应当受理。”肯认了律师在刑事申诉案件中的代理权。最高人民法院、最高人民检察院、司法部联合制定的《关于逐步实行律师代理申诉制度的意见》（法发［2017］8号）虽然规定得比较原则，但是确定了申诉人的委托律师权和代理律师发表意见、阅卷、会见、申请公开听证等多项权利，以及司法机关保障律师执业权利的义务等。应该看到，现今无论是从国家政策层面，还是从法律依据方面，实行律师代理刑事申诉的时机条件已经基本成熟，检察机关的探索实践也为这项制度的完善发展提供了比较成熟的实践模型。

二、刑事申诉实行律师代理的现实困境

较之与既有的三大诉讼法所规定的普通案件诉讼代理制度，目前尚处在实践探索过程中的刑事申诉案件律师代理制度既存在相通之处也具有显著的区别。由于执业权利规定不明确、运转保障机制不健全、隐形障碍客观存在等导致的律师参与度不高、联动机制失衡等问题依然影响制约着律师代理刑事申诉的全面实行。

（一）刑事申诉案件代理律师的诉讼权利法律规定不明确

1. 律师在刑事申诉中的法律地位不明。刑事诉讼中的辩护人和代理人的法律地位不同，虽然都是为了维护各自委托人的利益而参加到诉讼中，都与案件处理结果没有直接的法律上的利害关系，但辩护人具有不同于代理人的、独立的法律地位。辩护人的辩护权是法律赋予的，可以以自己名

义进行辩护，既不受犯罪嫌疑人、被告人的意志左右，也不受法院、检察院及其他个人团体的干涉。但代理人欠缺独立的诉讼地位，其身份依托于被代理人而存在，其行为也要受到被代理人主观意识的限制，在委托人依法授权的范围内活动，因为代理人的行为不仅同被代理人在行为上有共同的效力，产生的法律效果也由委托人全部承担。在刑事申诉中，当事人及其法定代理人、近亲属有权委托律师向法院、检察院提起申诉。但提起申诉并不必然直接地启动刑事再审或抗诉程序，仍要经过受理立案、审查复查等环节才能作出相应的处理结论。在启动刑事再审或抗诉程序前，理论界和实务界曾经一度提出，由于《刑事诉讼法》对刑事申诉的法律定位不明，程序规定缺失或过于笼统，[①] 受委托的律师既不是辩护人也不是诉讼代理人，仅仅提供法律咨询、代理申诉、控告等一般的法律帮助。此外，即使律师在刑事申诉中取得辩护人和代理人的诉讼地位，但犯罪嫌疑人、被告人方委托的律师究竟是辩护人还是代理人，法律并未予以明确，导致刑事申诉期间的律师处于“身份不明”的尴尬地位。

2. 律师在刑事申诉中的执业权利范围不明。地位不明、则职责难定，职责难定、则权利不明。辩护人和代理人由于法律地位不同，承担的诉讼使命也截然不同。辩护人依法履行辩护职责，通过对控方指控犯罪事实的驳斥，试图达到证明被控方无罪或罪轻的目的；反观代理人的职责，旨在通过代理行为实现对被代理人合法权益的保护。在刑事诉讼普通程序中，律师虽享有广泛的诉讼权利，但辩护人和代理人的权利范围是不一样的，辩护人享有的某些权利甚至已经超出了犯罪嫌疑人、被告人的权利范围，而代理人的权利则严格受到被代理人授权的限制，当然无法超出被代理人的权利范围。《刑事诉讼法》第 38—43 条明确规定了担任辩护人的律师享有的会见权、与犯罪嫌疑人通信权、代理申诉控告的权利、为犯罪嫌疑人及其家属提供法律咨询、向侦查机关了解犯罪嫌疑人涉嫌的罪名和案件基本情况的权利、调查取证权、提出辩护意见的权利、为犯罪嫌疑人申请变更强制措施的权利、查阅摘抄复制案卷材料的权利等。但与之相反的是，

---

① 参见王祺国：《论刑事申诉制度的诉讼化改造》，载《法治研究》2018 年第 2 期。

《关于逐步实行律师代理申诉制度的意见》等规定都只是原则性地提出“依法保障代理申诉律师的阅卷权、会见权”“为律师查阅、摘抄、复制、案件材料等提供方便和保障”。司法机关内部规范性文件也没有明确规定律师行使相关权利由谁保障、怎么保障以及保障程度等。比如，刑事申诉律师向检察机关申请查阅法院审判卷宗时，是否应当由检察机关保障；如果由检察机关保障，提供的便利又应当达到什么程度，是帮助联系原审法院进行阅卷，还是调卷至检察机关直接阅卷。尤为突出的是，在刑事申诉委托律师法律地位不明的情形下，执业权利能否直接沿袭《刑事诉讼法》的规定开展诸如调查取证工作等，各地的认识和做法很不统一，也亟待从立法上予以明确规范。

3. 律师在刑事申诉中的立场站位不明。一般地，律师当然地应站在委托人立场，通过执业维护委托人的合法权益。但刑事申诉不仅要查纠错误的裁判和决定，而且还要维持正确的裁判和决定，从而达成对公民合法权益、廉洁公正司法、和谐稳定社会、正确统一法律的一体化保障目的。司法实践中，虽然仍不能彻底杜绝冤假错案，但出现冤假错案的现象毕竟是极其少数，绝大多数刑事申诉案件还是缘于申诉人对法律规定的理解偏差、对法律后果的认识偏差，以及其他于法无据甚至于理不合的个体利益诉求。因此，刑事申诉审查办案既要解“法结”更要解“心结”，不仅要监督纠正极少数的冤假错案，更要通过释法说理、矛盾化解维护正确的决定和裁判、维护社会的和谐稳定。如果刑事申诉律师仅仅定位于辩护人或诉讼代理人的角色，漠视刑事申诉案件生效裁判和决定“绝大多数正确、极其少数错误”的客观实际，只是一味竭尽全力地为委托人寻求法律救济，忽视甚至无视司法秩序的规范、社会秩序的稳定，不仅不能有效地维护申诉人的合法权益，反而会带来更多的社会不稳定因素。而且，《依法治国决定》明确指出“对不服司法机关生效裁判、决定的申诉，逐步实行由律师代理制度”，既然是“逐步”实行，就意味着实践中律师代理申诉制度还不存在或者并不规范，需要一步一步创造条件去建立和实行。可见，律师代理申诉中的代理制度应属于强制代理。[①]《中央政法委关于建立律师参与化解和代理涉法涉诉信访案件制度的意见（试行）》也在基本原则中强调了律师代理涉法涉诉信访案件的无偿公益性，“不以赢利为目的，向信访人提供无偿法律服务”。基于律师代理申诉制度的强制性、无偿性、公益性，刑事申诉律师自然不能完全等同于申诉人的个人律师，双方在刑事申诉案件代理过程中的权利义务亦不能和普通诉讼代理过程中的权利义务画等号，需要对角色定位再调整、再明确。

（二）刑事申诉案件律师代理的运转机制不健全

1. 参与介入机制不健全。建立律师代理刑事申诉制度，既为解决申诉难、维护当事人依法有序进行申诉的权利，也为防止乱申诉和无理缠诉，杜绝利用刑事申诉损害司法权威、影响司法公信力的现象。而且，根据《依法治国决定》的精神内涵，律师代理刑事申诉制度也具有渐进推行的强制属性。既然刑事申诉律师代理不同于通常的自发代理而兼具强制性，那么律师接受委托参与介入刑事申诉的时机和形式将会直接影响制度价值的现实发挥。自《依法治国决定》颁布以来，全国各地陆续组织开展了律师代理刑事申诉制度试点探索。在全国率先推行刑事申诉律师强制代理制度的省市有山西、山东和天津，这三个地方的做法是深化现有的值班律师制度，其一是业务扩展，即把刑事申诉纳入值班律师的咨询范围，其二是硬件新设，即建造专门的刑事申诉值班工作室。[②] 由值班律师在申诉人提出刑事申诉、立案受理前进行接待或代理接待，并开展刑事申诉形式审查和矛盾化解等工作，但大都没有基于委托或指定与申诉人正式确立代理关系，主要提供的是一些咨询、解答性的法律帮助，还难以全面实质地开展刑事申诉案件代理工作。不过，各地比较一致的做法是无论是否确立委托代理关系，都在刑事申诉接待过程中引进了律师。中央政法委《关于建立律师参与化解和代理涉法涉诉信访案件制度的意见（试行）》也原则肯定

① 参见宫铭：《申诉案件律师代理制度探索》，载《人民检察》2016 年第 12 期。

② 参见孙昱东：《司法改革背景下刑事申诉法律监督机制的完善》，载《犯罪研究》2020 年第 3 期。

了律师从刑事申诉接待开始提供法律帮助的做法，提出“由律师协会选派律师到政法机关信访接待场所”“提供现场咨询服务”“提供法律咨询解答”；但对“需委托律师代理申诉的”，并没有释明授权或指定等委托代理形式及标准条件，只提出“可自行决定是否委托原接待服务律师或另行委托其他律师”“条件成熟时，对聘不起律师的，纳入法律援助范围”，至于“条件成熟”的标准也没有具体规定。[①] 此外，刑事申诉人大多会选择自行申诉，即使告知刑事申诉律师代理的法律专业性、无偿公益性等，申诉人常常也会受个体认知、既往经历、信任程度等因素的局限而予以拒绝。如果不能在申诉人、律师、办案单位三方之间形成律师代理刑事申诉必要性、有效性的真正共识，律师参与介入刑事申诉的时机就难统一、指定代理的效果就很有限、委托代理的渠道就不通畅。

2. 权利救济机制不健全。对律师执业权利的保障就是对申诉人刑事申诉权的保障。由于刑事申诉律师的权利仅在《关于逐步实行律师代理申诉制度的意见》等政策文件中有所体现，并未以法律形式明确权利范围，各地在认识和处理的方式上也不统一，相应的权利受到侵害时的救济手段也不规范，律师执业权利的保障程度更是参差不齐。在律师界甚至流传着“申诉是一个没有程序的程序”等说法。客观上，由于刑事申诉实务中的“五个无限”，在 2019 年最高人民检察院作出“件件有回复”承诺，要求“7 日内程序回复、3 个月内办理过程或结果答复”前，根据现行法律，检察机关受理刑事申诉后何时答复、怎样答复等都没有明确的规定。现实中，律师将申诉材料提交给司法机关后，常常难以及时获知案件的具体审查情况，审查进展情况和申诉所处阶段极少会准确向申诉人告知。[②] 即使公开审查已经被《人民检察院办理刑事申诉案件规定》确定为基本审查方式，但书面审查期间也确实存在面对面听取律师意见少、听取申诉人理由简单等现象。这既有主观能动的因素，客观上也受到现实条件的局限，但

---

① 参见唐守东：《律师代理申诉制度的实践探索与完善路径——以 T 直辖市律师代理申诉制度运行实践为例》，载《西部法学评论》2019 年第 5 期。

② 参见畅佳佳、陈佳敏：《刑事一体化模式：刑事申诉律师强制代理制度的实现路径》，载《上海法学研究》集刊 2023 年第 4 卷。

在相当程度上也容易使代理律师产生知情权、异议权、参与权等权利受到限制的感受，也固化了以往社会面认为刑事申诉程序封闭、不公开不透明的印象。刑事申诉律师在知晓案件具有瑕疵或错误后，理应向申诉机关提出意见和建议，但此前并没有规范的机制对申诉机关必须回复以及回复的时间和方式等进行明确。新颁布的《关于逐步实行律师代理申诉制度的意见》也没有针对回复律师意见的时间和方式作出具体规定，只提出“应认真审查律师代为提出的申诉意见，并在法律规定期限内审查完毕”“对经审查认为申诉不能成立的，依法向申诉人出具法律文书，同时送达代理律师”。对审查办案的检察机关来说，“法律规定期限内”应当是《人民检察院办理刑事申诉案件规定》明确的控告申诉检察审查期 3 个月、移送后刑事检察部门审查期 3 个月、决定复查后审查期 3 个月。至于回复方式，只要在结案的同时向申诉人和代理律师送达法律文书即可。刑事申诉律师权利范围不明晰、救济途径不健全，往往会降低申诉人对律师的信任度，损害律师代理的实际效果。

3. 激励保障机制不健全。虽然刑事申诉律师代理本身具有无偿公益性，但作为一种职业，律师希望追求利益也无可厚非。刑事申诉案件不仅都经历过一审或原处理决定程序，大都还经历过二审，其中少数甚至还经历过再审，一般都是定罪量刑争议大、案情疑难复杂的案件，如果原审确有错误可能的，律师代理难度更是异乎寻常，需要成倍地投入时间、精力、资源等。但即使律师在刑事申诉案件中投入了大量的人力、财力、时间等成本，相较于庞大的刑事申诉案件基数，能进入再审的比率不高，进入再审后获得改判的比率更小。可一旦不能进入再审或进行改判，律师就可能面对委托人的诘难或纠缠，被要求负责到底。特别是一些非理性的当事人对申诉结果要求过高，甚至会“钻牛角尖”，申诉维权方式也掺杂有暴力、恐吓等非法成分，给代理刑事申诉案件的律师造成了较大的执业风险。面对劳动与收益可能明显失衡的情形，许多律师代理刑事申诉案件的积极性不高，即使代理也大都停留在法律咨询、代拟申诉状、代交材料的地步，缺少对案件的分析研究，怠于和办案机关沟通跟进案件进展，缺乏阅卷、会见、调查取证的积极性，甚至只求“走完流程好交差”，没有很好地发挥维护申诉人合法权益的作用。按照《依法治国决定》的精神，“对聘不起律师的申诉人，纳入法律援助范围”。但法律援助补贴较少，案件往往交由实习律师办理，难以调动律师参与刑事申诉的积极性。按照《关于建立律师参与化解和代理涉法涉诉信访案件制度的意见（试行）》，对代理刑事申诉案件的律师“应当给予适当补助”，既然是“适当补助”那主要就是增益匡助，也难以发挥激励作用。按照《关于逐步实行律师代理申诉制度的意见》，律师代理刑事申诉案件可以分为三种，法律援助、公益代理和自行委托。对属于公益性质的“依靠党委政法委，协调有关部门争取经费，购买服务”“全额支付律师在提供服务过程中产生的费用，并给予适当补助及奖励”，体现了一定的激励色彩，但标准不明确实际执行难度大。对自行委托的“可以按照《律师服务收费管理办法》，由双方自愿协商代理费用”，但多年来的实践探索发现刑事申诉人自行聘请律师和律师主动代理刑事申诉的意愿都不强。当前，进一步深化推进律师代理刑事申诉制度，迫切需要在坚持无偿公益原则的同时，健全完善国家层面的激励保障机制。

4. 法律援助机制不健全。按照现行政策，实行律师代理刑事申诉案件，除了有限的自行委托外，在规范制度层面主要还是依靠法律援助予以推行。但除了激励资源有限、激励效果不佳外，有关以法律援助推行刑事申诉律师代理制度的政策精神和导向也没有完全反映体现到立法层面，从政策到法律之间仍有较大的留白空间。《刑事诉讼法》第 35 条规定了向犯罪嫌疑人、被告人提供法律援助的情形，并以列举的形式明确了指定辩护的 5 种人，但没有提及向被害人提供法律援助的具体情形。《刑诉解释》和《刑诉规则》也都没有明确规定被害人的法律援助问题，只分别在第 66 条和第 55 条提示被害人可以申请法律援助。然而，普通程序中的犯罪嫌疑人、被告人并不完全等同于刑事申诉程序中的申诉人，即使暂不讨论刑事申诉申请法律援助能否直接援引普通程序规定的问题，被害人方申请法律援助的依据也不明确不充分。如果被害人方直接依照《法律援助法》以“经济困难”为由向法律援助机构申请刑事申诉法律援助，却又不符合第 33 条的规定：“当事人不服司法机关生效裁判或者决定提出申诉或者申请再审，人民法院决定、裁定再审或者人民检察院提出抗诉，因经济困难没有委托辩护人或者诉讼代理人的，本人及其近亲属可以向法律援助机构申请法律援助。”按照第33条的规定，刑事申诉提供法律援助的条件除了“经济困难”外，还要求“人民法院决定、裁定再审”或者“人民检察院提出抗诉”。但“提出申诉”或者“申请再审”后，在审查复查作出处理决定前，能否如愿启动抗诉或再审程序尚处于待定状态，刑事申诉人在立案受理或审查复查阶段申请法律援助的条件显然不完全符合规定。此外，现实中申诉人不选择律师代理刑事申诉案件的主要原因也不完全是经济因素，更多的还包括认识、观念等问题。在法律援助原本就没有周全覆盖刑事申诉案件范围，且申诉人委托律师代理意愿不强的情况下，再把“经济困难”作为提供法律援助的审查条件，实际上会极大地缩小通过法律援助推行律师代理刑事申诉的空间。

5. 律师选派机制不健全。刑事申诉案件大多案情疑难或者复杂，对代理律师职业素养和专业技能的要求都高于普通刑事案件。客观上要求优先选择法律功底强、社会实践经验足、沟通协调能力强、行业口碑好，并在群众中有一定影响力的律师代理刑事申诉案件。但当前律师参与和代理刑事申诉案件的选派机制不成熟不科学，什么阶段、什么条件为申诉人选派代理律师，代理律师的选派标准等都不统一不明确，既没有现成的高标准律师人才选荐库，更没有像律师分级出庭制度试点一样，综合考虑律师的政治素养、执业经历、执业期限、执业水平、职业操守等情况，探索实行刑事申诉案件分级代理制度，难以高效地选拔出优秀的律师代理、化解申诉案件矛盾。此外，精通普通刑事案件办理的律师不一定熟悉刑事申诉案件的办理。目前，参与刑事申诉案件办理的律师大都是自愿报名的年轻律师，往往不具备专业的刑事申诉理论知识和实践经验。一些律师甚至没有吃准悟透刑事申诉的程序性规定，比如对检察机关立案前审查程序和立案复查程序之间的联系和区别一知半解，个别律师因为不掌握并非所有的刑事申诉案件都会必然进入立案复查程序，错误地指导或与申诉人一道坚持要求检察机关出具复查决定书，结果导致不必要的误解并影响损害了双方建立良好顺畅的沟通关系。高质效办理刑事申诉案件，要求律师和司法机关工作者同受法学教育、同用法律语言、同循法律思维，虽然此前在构建法律职业共同体的过程中，包括律师在内的司法实务界已经形成了联合开展多种类型、多种形式法律业务同堂培训的浓厚氛围，但涉及刑事申诉主题的培训还不够多不丰富，也或多或少地局限了律师获取刑事申诉知识、提升刑事申诉技能的渠道，致使难以在办理刑事申诉案件时把优秀的律师培养出来、派出去。

（三）刑事申诉案件律师代理的隐形障碍依然存在

尽管《依法治国决定》提出“逐步实行由律师代理申诉制度”，中央政法委《关于建立律师参与化解和代理涉法涉诉信访案件制度的意见（试行)》、“两高一部”《关于逐步实行律师代理申诉制度的意见》也对律师参与化解和代理涉法涉诉信访案件的组织领导、工作方式、运行模式、保障管理等作了规定、提供了基本的制度框架，理论界和实务界也普遍认识到律师参与代理刑事申诉是保障当事人依法行使刑事申诉权，实现申诉法治化，提高司法公信的重要途径，但在推动执行的过程中还是难免会遇到申诉人不乐意、律师不热心、检察机关不积极等看不见摸不着、却又实实在在存在的隐形障碍。

1. 来自申诉人的认识偏差。申诉人是否委托律师代理刑事申诉案件的根本在于是否对律师信任，“不乐意”的背后透射出的其实是信任度不够高。影响信任度的原因是多方面的，其中一些也只是申诉人对律师代理狭隘片面的认识，这些认识又多是来自申诉人亲身经历的感受体会，致使在推行律师代理刑事申诉的过程中，面对申诉人常常是讲也讲不清、说又说不通，听了不接受、做起来质疑多。其中比较突出的情形，首先是向“钱”看。在检察机关接待刑事申诉人并建议委托律师时，许多申诉人的第一反应是律师费用高、请不起、不值当；当告知可以申请法律援助时，又认为一分价钱一分货、不花钱的敷衍了事。申诉人简单地认为律师就像商人一样，主要是为了挣钱、追求高利润，而且律师的名气越大、承诺的越多，请律师的开销花费就越大；如果是指派的法律援助律师，虽然不花钱，可约见一次都很难，好不容易见了面，自己的意见常常都听不完，动不动还受到斥责批评。因此，请律师除了烧钱以外没什么用，自己的案子还是要靠自己打，与其花钱请律师还不如自己多咨询、多看书，再去网上查资料。有些申诉人即使请律师，在经济能力许可的条件下，也是希望花小钱办大事，和律师代理需要的实际服务成本相比相去甚远。其次是不贴心。申诉人普遍认为律师应当忠诚于委托人，在律师和委托人的意见不一致时，律师也不应违背委托人意愿，更不能对外发表与委托人不一致的意见。自推行刑事案件律师辩护全覆盖以来，提起刑事申诉的案件一般在一审、二审中都有律师提供代理或辩护，自始至终没有律师参与的情况虽有但并不多，可是申诉人都对原案处理结果不满意，其中虽有被归咎于司法的情形，但许多律师也被质疑没有完全站在当事人的立场或者提供的法律服务质量差。一些申诉人表示，有的律师对当事人在原审中提供的案件线索不重视，怠于求证调查结果导致败诉；有的不尊重当事人，代理意见和当事人的不一致，致使诉求和处理结果南辕北辙；有的对代理事务不负责，对当事人关心的问题不过问、对无关的细节却穷追不舍，空耗了时间和精力；有的随意推卸责任，案件进展一旦不顺利，就把问题和责任丢给当事人；有的甚至就是公检法的帮手，一味劝导接受司法机关意见，不在意也不会真正维护当事人的权益。再次是没意义。有的申诉人错误地以为律师只能在普通程序中发挥作用，对于已经发生法律效力的刑事申诉案件，律师并没有什么用武之地，申诉走的是独自伸冤之路，因此请不请律师无所谓也不重要。另有一些申诉人虽然认识到律师在刑事申诉中可能发挥的作用，但是简单地以为刑事申诉和二审上诉一样都是普通诉讼权利，只要提出申诉就会审查复查、重新审理，并没有意识到申诉是一项特殊的诉讼权利，通过刑事申诉启动再审程序必须符合特定的条件，因而认识不到律师代理刑事申诉的重要性，觉得律师可请可不请、无足轻重的。值得注意的是，现代人在网络时代习惯了网络，遇到法律纠纷后也常常先在网络上收集资料、咨询解答等，许多刑事申诉人受到这种学习生活方式的影响，在现实中也是“宁信网络不信专家”。除了借助网络外，有的刑事申诉人还会自学法律知识，在一番研究思考、交流讨论后就以为自己起码能顶半个法律专家，再加上熟悉案情，对委托律师更是不以为然；即使和法律专业人士一起交流，也多是为了强化自己观点的正确性，除此之外难容其他声音。最后是不管用。信访不信法、信权不信法、信关系不信法等现象是刑事申诉中经常会遇到的老问题，也是一些刑事申诉人根深蒂固的老观念。近年来监督纠正的一些在社会上具有广泛影响的冤假错案，在新闻媒体的宣传报道过程中，经过包括各类自媒体在内的平面、立体网络传播平台的挖掘、分析、评论，都会或多或少、有意无意地提及监督纠正冤假错案，除了少数是依靠司法程序、司法机关的主动纠错外，领导机关、领导同志的介入或者网络舆论的推动等案外因素是监督纠正冤假错案不可或缺甚至更为重要的力量。这种舆论风向反过来又和传统社会里的找关系、靠人情等陈旧观念交织起来，越发固化、强化了一些刑事申诉人信访、信权、信关系等错误认识，也极大地贬损了律师在申诉人心里的地位和作用。与此相异的另一种律师无用论，则是刑事申诉人所谓的“有理走遍天下”，坚信只要自己“有理”、律师就没什么用处，基本上忽略了法律本身具有的专业性、技术性。除此之外，刑事申诉人对律师代理还有其他种种特别的看法，这些都导致刑事申诉律师代理制度在申诉人方推行不畅。

2. 散见于律师群体的价值失范。律师职业具有双重性，但律师不能有双重人格。律师作为专业的法律服务工作者，在全面推进依法治国进程中扮演着不可替代的关键角色，党的十八届四中全会对壮大律师服务行业、强化律师队伍建设作出了部署要求，律师这一特殊群体应当在社会公众法律服务领域主动提供及时、高效的法律产品，代理申诉案件，保障申诉权利。上述举措彰显了新时代背景下律师服务工作理应具备的社会责任感。但个别律师往往忽略了社会主义法律工作者的社会责任，只专注于通过执行业务获得个人收入，最终伤及影响了律师群体在人民群众心中应有的公道正派形象。作为一种职业，律师执业挣钱、养家糊口是天经地义的，但律师职业的公共性，又决定了律师不能简单地以营利为目标，而应以社会服务为首要宗旨。律师执业虽是谋生但也是为社会服务，应当有“但愿世间人无病，何妨架上药生尘”的胸怀，而不能以实用主义的态度对待法律，把“利己”作为代理案件的选择标准，把钻法律空子、利用法律漏洞作为发家致富的常用手段。律师职业天生就带有争议性，由于在诉讼中代

表一方当事人利益，不仅常与对方当事人的利益针锋相对，也会时不时地和司法机关出现观点争锋、矛盾冲突，但律师的衣食来自委托人、律师的信誉来自法律，律师既要运用法律智慧维护委托人权益，又要尊重法律维护公平和正义。律师职业的双重性，要求律师既应恪守服务之道，又应力行治国之道。但在实践中，从个人利害得失出发，一些律师出于"三怕"心理并不热心代理刑事申诉案件，即使代理了也只满足于提供咨询、代写递交申诉状等一般性法律帮助。一怕伤及职业前景。一些律师过于看重输赢，认为官司的成败决定着市场的大小，忽视了人民权益维护者、贴心人的形象对执业发展的强大推动作用，在代理刑事申诉案件时"输不起"，唯恐输了官司、丢了口碑、失了市场。由于我国实行两审终审制，经过两审仍然提起刑事申诉的案件，要么是疑难复杂、适用法律争议大，要么是矛盾交织、现实利益冲突大，律师代理实现申诉人诉求的难度远超一般的刑事案件，败诉风险相应的也很大，一旦败诉就可能对声誉产生负面影响。此外，由于已经生效的处理决定和裁判都经过严格的审查办案程序，并受到司法责任制的约束，即使确有存在错误的可能，原办案单位及其承办人也不会轻易动摇已有的认识判断，律师在代理的过程中难免会与公权力发生碰撞、与办案人员发生观点争执，原本简单的刑事申诉案件代理有可能演变成律师与司法机关及其工作人员的利害之争，顾忌到对自己职业生涯可能的不利影响，律师不愿意过多地参与刑事申诉案件代理。二怕事倍功半。无论物质层面还是精神层面，适时适当的肯定、激励总是使人保持向上动力的不竭源泉。实事求是地看，律师执业的重要目的是生存并更好地生活，这无须避讳也不必羞于启齿，依法劳动、自立自强是光荣，也与律师应负的社会责任不矛盾。律师代理刑事申诉案件的收入是比较少的，申诉人通常没有承担高额律师费用的能力，即使有能力也不情愿承担高额的代理费。法律援助基于本身的无偿公益性，能给刑事申诉代理律师提供的补贴补助也是微乎其微的，实际生活中也不乏律师自掏腰包补贴代理开销的事例。相较于其他类型案件的代理，律师在刑事申诉中付出的时间、精力等劳动都会多得多，与各方沟通的难度也大得多，相形之下付出与收入比例失衡的问题就显得更为突出。在物质激励不足的情况下，一些

律师等、靠思想根深蒂固，交了刑事申诉状便认为万事大吉，缺乏与办案机关沟通、跟进案件进展的主动性，查阅卷宗、当面了解、调查取证的积极性严重不足，致使申诉人的权益没有得到充分保障。同时，刑事申诉案件涉及纠错纠偏，在与司法机关的沟通中经常会受到质疑和驳斥，律师信心受到打击后很难在精神上获得成就感，也就不热心代理“出力不讨好”的刑事申诉案件。三怕委托人“不讲理”。受教育程度、专业知识背景、人生阅历和个体性格等因素的影响，刑事申诉人对律师的要求、期待和互动方式等不尽相同。大多数刑事申诉人虽然寄希望于律师向办案机关提出专业的法律意见，但是也能够以较为理性平和的态度看待律师在申诉办案中的有限作用。反观有些申诉人，特别是在造成严重人身、财产损害的申诉案件中，他们要么把律师作为“尚方宝剑”，期望在申诉过程中能够一路“披荆斩棘”到达胜利的彼岸；要么不重视律师提供的法律专业服务，只寄希望于律师在司法机关找关系。还有一些刑事申诉人对申诉结果的要求过高，或者诉求的背后潜藏着合理或不合理但并非刑事申诉程序能够解决的经济利益问题，而且容易钻进“牛角尖”，一旦愿望受阻就会指责、批评律师，无理纠缠要求负责到底，甚至极少数还会恐吓律师的人身、财产安全，出于怕事、惹麻烦、与己无关的心态，加之人民情怀不够深厚，一些律师也不热心代理刑事申诉案件。

3. 受阻于检察机关的理念滞后。监督纠正刑事申诉中发现的冤假错案，离不开检察机关及其工作人员的共同努力。传统的刑事司法理念重视公共利益的保护，偏重于对刑事犯罪的打击惩治，并不完全适应新时代人权保护日益发展的现实需要。2021 年，党中央印发《法治中国建设规划(2020—2025 年)》，明确提出将惩治犯罪与保障人权相统一，充分保障当事人的诉权，保障律师执业权利，保障犯罪嫌疑人、被告人、服刑人合法权利，防范和纠正冤假错案，建设公正高效权威的中国特色社会主义司法制度。工作上适应新时代人民的期待和需求，行动上紧跟党中央的决策和要求，传统刑事司法理念加快了转向现代化的步伐节奏，检察理念也逐步从疑罪从轻发展到疑罪有利于犯罪嫌疑人、被告人，再到最终全面确立疑罪从无的法律原则。理念的发展是长期的、渐进的过程，也是一个积小变为大变、从量变到质变的过程。在这个发展过程中，既不能跑得太慢、拖后腿，也不能跑得太快、不看路，应当严格遵循习近平总书记确定的稳中求进工作总基调[①]，积极稳妥地实现刑事司法理念的发展转变。从当前的实践看，检察机关在实行律师代理刑事申诉案件工作中遇到的主要问题是理念转得不够快、不彻底。一是共同体意识不强。历史上，检律关系大致经历了4个发展阶段：改革开放前的检律关系缺位、改革开放后的检律关系失衡、1997年《刑事诉讼法》修改后的检律关系对抗和2012年《刑事诉讼法》修改后的检律关系重塑。[②] 新时代，习近平法治思想指明了新方向、提出了新要求，建设德才兼备的高素质法治工作队伍，构建法律职业共同体就是其中的重要内容。包括检察官在内的司法工作人员和律师在刑事诉讼活动中的职责分工、角色定位各有不同，但都是社会主义法治工作队伍中的重要成员，在查纠冤假错案、维系合法权益、彰显司法公正等方面具有鲜明的法治底色。作为统一的法律职业共同体，检察人员和律师不仅要履行好法律赋予的神圣使命，而且还要在建设地位平等、支持配合、互相监督的良性检律关系过程中发挥积极作用。虽然在刑事诉讼三角结构模式下，检律关系天然具有对抗性，且直接地表现在庭审的指控、辩护过程中，但两者在保护合法权益、准确适用法律、维护公平正义方面负有共同的责任，呈现出既对立又统一、既对抗又合作的新特征。但一些检察机关及其工作人员没有迅速跟上并适应这种理念新变化，仍旧抱着对抗对立的老心态，潜意识里仍抵触抗拒律师代理刑事申诉案件。二是简单对立维护稳定和刑事申诉的关系。保障和改善民生，促进社会和谐，是全面建设社会主义现代化国家的必然要求。历史经验也充分表明，发展是硬道理，稳定是硬任务，没有和谐稳定的社会环境，一切改革发展都无从谈起。但维护稳定不是要彻底杜绝刑事申诉，也不能把息诉、停诉作为检验刑事申诉办案质效的根本或唯一标准。检察机关维护稳定就是要通过依法、高质

---

① 《习近平在湖北考察时强调 鼓足干劲奋发进取 久久为功善作善成 奋力谱写中国式现代化湖北篇章》，载人民网，http：//politics. people. com. cn/n1/2024/1106/c1024－40355476. html。

② 参见宗源：《法律职业共同体视角下检律关系的新发展》，载《上海法学研究》集刊2023年第2卷。

效办案，及时排查发现、化解疏导各类不利于社会稳定的负面因素，这是必须完成的政治任务。刑事申诉则是人民群众的一种利益表达方式，是以依法申诉的形式提出并维护自己在刑事案件中合法利益诉求的具体行动。维护稳定和刑事申诉既不矛盾也不对立，实际上是相辅相成、辩证统一的关系。但个别检察机关在工作中简单片面地理解执行维稳要求，在办理刑事申诉案件时，常常把快息诉、快结案作为首要目标，唯恐律师介入后可能增加办案工作量、放大案件争议、影响息诉罢诉等，不欢迎也不支持律师代理刑事申诉案件。三是无度放大对终身追责的畏惧。如果刑事申诉中审查发现案件确有错误可能，在监督纠正时就可能追究承办人的相关责任。但出于社会上的误解误读，许多检察官也认为只要出现冤假错案就会被追责，甚至追究刑事责任。这种认识一方面说明检察官逐步树立了司法责任终身制意识、对制度法纪有敬畏之心；另一方面也反映出对司法责任终身制的精神和规定理解不到位、不准确，导致刑事申诉办案可能会因不必要的心理负担出现审查难、纠正难等问题。最高人民检察院在2015年就发布了《关于完善人民检察院司法责任制的若干意见》（已失效），又在2020年印发了《人民检察院司法责任追究条例》，坚持权责相当的原则，科学合理地划分了故意违反法律法规责任、重大过失责任和监督管理责任三种司法责任类型标准和惩戒方式，分别列举了各类司法责任的具体情形，以及免除司法责任的情形，并非不作区分、不加甄别、不考虑特殊情况的“一刀切”式追责。但这种片面、失真的理解，客观上也导致一些检察机关和工作人员从心理上排斥律师代理刑事申诉案件，更担心律师在网络媒体上过度表达后可能带来的办案压力。

三、检察环节刑事申诉律师代理的实现路径

维系申诉人合法权益是律师代理刑事申诉的当然之义，而通过引入律师的专业性特征协调公私权力、平衡冲突对抗，进而达成律师、申诉人和司法机关三方主体的良性互动应是该制度的深层意义。尤其是在全面依法治国的新时代，面对社会转型期矛盾凸显、问题多发的新形势，面对人民群众民主法治意识不断高涨的新特点，面对实现国家治理体系和治理能力

现代化的新要求，检察环节刑事申诉实行律师代理制度不仅势在必行，而且势在必成。

（一）全面确立律师强制代理原则

1. 强制代理是建设法治中国的内在要求。党的十八大以来，以习近平同志为核心的党中央从坚持和发展中国特色社会主义的全局和战略高度定位法治、布局法治、厉行法治，将全面依法治国纳入“四个全面”战略布局，加强党对全面依法治国的集中统一领导，全面推进科学立法、严格执法、公正司法、全民守法，形成了习近平法治思想，开创了全面依法治国新局面，为在新的起点上建设法治中国奠定了坚实基础。《法治中国建设规划（2020—2025年）》明确提出“改革刑事申诉制度”，其中一个重要方向是“对不服司法机关生效裁判和决定的申诉，逐步实行由律师代理制度”。一般地，律师代理基于当事人或其他权利主体的委托而产生，《刑事诉讼法》《民事诉讼法》《行政诉讼法》也都赋予了当事人及其法定代理人、近亲属委托律师代理申诉案件的权利，《律师法》第28条第4项也规定律师可以“接受委托，代理各类诉讼案件的申诉”。既然委托律师和律师代理刑事申诉案件，也就是刑事申诉的律师任意代理已经有了现成的法律规定，那么作为改革方向的“逐步实行由律师代理制度”，显然意味的不是刑事申诉的律师任意代理。结合实践中申诉人、律师、司法机关对刑事申诉实行律师代理制度的重视不够、适用率不高以及程序不规范、机制不健全等现实问题，从聚焦党中央关注、人民群众反映强烈的突出问题和法治建设薄弱环节出发，“逐步实行”的只能是在任意代理效果不尽如人意时成为补充和保障的律师强制代理。刑事申诉制度改革的另一个方向是“实现刑事案件律师辩护、法律帮助全覆盖”。刑事案件既包括普通程序刑事案件，也包括刑事申诉案件，“全覆盖”表明刑事申诉案件也应当由律师提供辩护或法律帮助。如果申诉人没有或拒绝委托律师，现实中就无法通过任意代理得到律师帮助，因此全面落实和执行“全覆盖”的要求也必须实行律师强制代理。

2. 强制代理是对弱势群体的真正保护。申诉人行使申诉权的实际能力是刑事申诉中公权和私权发生冲突时实现平衡，助力申诉人平等地享有行使申诉权并实现申诉权益的关键。但现实中刑事申诉人比较普遍地面临经济或法律专业知识等方面的困难，大都可以划归于社会弱势群体，尤其是在面对强大的司法机关时，申诉人群体在法律上的柔弱形象表现得更加明显。如果法律不采取必要、适当的措施介入、干预并给予特殊保护，申诉人群体不仅难以有效充分地行使申诉权、获得法律救济，也容易在刑事申诉无望、无果后走上长期信访之路，进而引发更多的社会问题。现代法律从维护社会整体权利义务平衡出发，一般都对弱势群体等特殊群体的法律利益进行特殊保护，通过律师强制代理制度对法律关系中可能处于弱势地位的特定群体给予强制保护。《刑事诉讼法》第 35 条、第 278 条分别针对犯罪嫌疑人、被告人是盲、聋、哑人，尚未完全丧失辨认或者控制自己行为能力的精神病人，犯罪嫌疑人、被告人可能判处无期徒刑、死刑，犯罪嫌疑人、被告人是未成年人等情形，规定司法机关在当事人没有委托辩护人的情况下通知法律援助机构指派律师为其提供辩护或帮助。虽然律师强制代理制度要求当事人必须委托代理人，并将受委托人范围限定于律师，貌似违反了意思自治原则、侵犯了当事人的诉讼权利、额外设置了委托代理义务，但在其严格规制形式背后的价值选择上，反映出对弱势、特定群体诉讼权利的实质性保护。在法律技术日益专业化、精密化的条件下，律师作为职业法律工作者，对法律法规和诉讼规则的了解掌握都远远超过一般人，诉讼技巧和诉讼经验也更加娴熟、更为丰富，由律师代理诉讼活动更有利于全面周到地维护当事人的诉讼权利，强化当事人的诉讼主体地位。刑事申诉律师强制代理正是在社会本位的价值理念下，从实体和程序两个方面出发保障刑事申诉人的申诉权，追求实现诉讼权利实质性平等的一项弱势群体法律保护制度。

3. 强制代理是纾解矛盾的必行之策。刑事申诉是监督纠正刑事冤假错案的重要途径，直接关系到当事人及其家庭以及利害关联方的切身利益，也直接影响到社会面的整体稳定和司法权威。我国由于正处在经济社会转型期，一方面，各种社会问题更容易暴露出来，通过刑事申诉等方式进入司法领域；另一方面，刑事申诉中诉访不分、重复申诉等乱象又会传导、延伸到社会领域，引发一些新的社会不稳定因素。据统计，J 市检察机关 2018—2022 年接收的 479 件刑事类诉求中，符合刑事申诉案件受理条件、可以作为案件办理的共 196 件，占比还不到一半。事实上，为了修复社会关系、钝化社会矛盾、提升社会治理的作用效果，检察机关在处理刑事类诉求矛盾时已经适当放宽了标准，也不可避免地将一些并不完全符合受理条件的刑事类诉求矛盾纳入程序进行案件化办理，实际上也加剧了司法资源原本紧张的状态，一些亟待处理的刑事申诉案件反而没能及时审查办理。此外，检察机关受理的大量刑事申诉案件，也只有极少数审查复查后认为确有错误需要监督纠正，绝大多数裁判、决定都是正确的。面对居高不下、急需办理化解的刑事申诉案件，虽然有的是因为申诉人无视原案认定事实、法律适用正确，一味地为自己开脱；有的是由于抱有成见，不信任司法机关，拒绝接受任何于己不利的处理意见；有的是为了谋求个人利益，不惜耗费数十年越级访、缠闹访、重复访，意图迫使办案单位屈服，但造成多次申诉、多头申诉、久诉不息、诉访交织等刑事申诉乱象的一个根源性因素是申诉人不懂法，许多人并不具备刑事申诉必须的、基本的法律知识。因此，高效治理刑事申诉乱象、高质化解刑事申诉矛盾，就要盯紧申诉人不懂法这个根源性因素，以强制代理的形式为申诉人提供专业法律支持、帮助其正确权衡利害、行使权利，并引导申诉人理性地面对司法处理结果。

（二）强制代理的内涵和基本要求

1. 定义和功能。刑事申诉律师强制代理是指原案的当事人及其法定代理人、近亲属不服人民检察院诉讼终结的刑事处理决定或者人民法院已经发生法律效力的刑事判决、裁定，向人民检察院提出申诉时，一般应当委托律师作为诉讼代理人；没有委托诉讼代理人的，人民检察院应当通知法律援助机构指派律师为其提供法律服务。

刑事申诉律师强制代理制度有两项基本功能：修复受损的社会关系和实现公权与私权的平衡。

犯罪是对社会关系的侵害，冤假错案更是对尚在修复的社会关系的再次撕裂。刑事司法不仅要惩罚犯罪，更要修复被犯罪行为所破坏的社会关系。刑事申诉中受到损害的社会关系复杂多样，不仅包括加害方与被害方个体之间、双方家庭群体之间等多种关系，在提起申诉后受到冲击影响的常常还有个体、群体与国家之间的关系。造成这些损害既有源自犯罪行为本身的罪恶性、破坏性，也有来自当事方的心理态度和人文关怀等因素的干扰介入，还有司法可能存在的瑕疵、错误所带来的负面消极因素，以及发乎于内心深处对公权力的警惕而导致的对司法的不信任或误解。但无论损害社会关系的是何种因素，在刑事申诉中都要既监督纠正错误的决定、判决和裁定，也支持维护正确的决定、判决和裁定。只有是在“有效沟通、尊法互信”的前提下，实事求是地“纠正错的、坚持对的”，受损的社会关系才能得到真正修复，才有利于社会整体的和谐稳定。但是，刑事申诉当前遇到的一个难点和关键点是如何消除误解，增进申诉人与检察机关之间的互信。美国法理学家德沃金曾在《法律帝国》一书中指出，“任何国家部门都不比法院更为重要，也没有一个国家部门会像法院那样受到公民那么彻底的误解”。现实中，民众对刑事案件的误解大都集中地表达在刑事申诉阶段，而当前仅凭检察机关的努力又难以完全彻底地消除这种误解[①]。因此，强制代理的首要功能就是借助律师独立的第三方地位，以容易赢取申诉人信任的形式，在提供专业法律服务的过程中，架起检察机关与申诉人理性平和、依法高效沟通的桥梁，从而形成并维持良好的申诉秩序，高质效地办理刑事申诉案件，进而维护法律的正确实施，维护社会的公平和正义，夯实社会和谐稳定的基础和保障。

司法人权保障是刑事诉讼亘古不变的主题，刑事司法人权保障也是社会主义司法文明的显著标识。刑事诉讼要通过正当程序规范和约束公权机关，平衡控辩审三方关系，确保各方诉讼参与人的权利。作为刑事诉讼程序重要一环的刑事申诉，自然也应当追求和实现诉讼结构的平衡。相对于强大的检察机关，刑事申诉人处于弱势地位，律师强制代理的第二个功能

---

① 参见韩红兴、陈学芹、章帆：《论刑事申诉律师强制代理制度》，载《北方工业大学学报》2023 年第 6 期。

就是要平衡公私权因力量对比失衡引起的、实质上的诉讼权利、诉讼地位不平等。律师通过强制代理制度进入刑事申诉程序后，应当代表申诉人监督、制约检察权的行使，及时发现审查办案中存在的严重瑕疵或者不规范的司法行为，以专业的方式有针对性地提出抗议、异议或控告，防止检察权的滥用、规范检察权的运行；应当以专业的法律服务平衡弥补申诉人与检察机关之间事实上的不平等，实现公权力与私权利之间的动态平衡，进而强化申诉人的诉讼主体地位；应当代表申诉人向检察机关更加有效地解释申诉事由、更加有效地发现收集证据、更加有效地沟通交流，从而更加有效地完成申诉事项，全面维护申诉人的合法权益；应当引导规范申诉人的申诉行为，阻止申诉人因极端情绪或对法律的不理解等，可能出现的对检察工作人员的言语侮辱或身体攻击等情形，减少申诉人因表达无效导致的无效申诉情况，消除申诉人对检察机关及其办案人员的疑虑和抵触情绪，进而提高刑事申诉审查办理效率。

2. 强制代理的对象。强制代理的义务主体既有代表国家的检察、司法行政机关，也有申诉人和律师。在刑事申诉中，如果发现申诉人没有委托律师，检察和司法行政机关应当为申诉人指定律师代理刑事申诉案件；如果申诉人没有委托律师，并拒绝检察和司法行政机关为其指派的律师代理刑事申诉案件，检察机关可以不予受理。

刑事申诉律师强制代理的对象应当在综合考虑申诉权保障和程序公正的内在要求后进行界定。首先，“强制”是检察和司法行政机关的义务。刑事申诉案件中申诉人没有委托律师代理的，检察和司法行政机关有义务和责任为其指定律师代理，如未履行指派律师的义务当属于程序性瑕疵，由此产生程序上的否定性后果，上级检察机关可以主动行使职权或依申诉人申请，否定或者撤销已经作出决定的审查处理意见。其次，“强制”是对申诉人的法律约束。遵循私权有限救济原则和法的安定性原则，在对申诉人进行权利救济的同时必须兼顾生效裁判的稳定性，不能无原则、无尺度地放任申诉人与司法裁判之间的冲突，申诉人提起刑事申诉应当委托律师，以专业的法律服务代理实现诉讼社会价值的最大化。最后，“强制”是律师应当承担的社会责任。律师是社会主义法治队伍的重要组成部分，也是法律职业共同体的重要组成部分，代理刑事申诉案件既应当维护当事人合法权益，维护法律正确实施和社会公平和正义，也应当把代理作为履行社会责任的一种形式和过程，以法律援助为受援人提供符合标准的法律服务，维护申诉人的合法权益，维护国家的司法权威。

在强制代理的对象中，律师是重点也是关键。基于刑事申诉的特殊性，申诉人提起的申诉并不一定会产生立案受理、审查复查以及抗诉或者再审的后果。同时，刑事申诉中客观存在的无理申诉、重复申诉等，也要求在立案受理前建立预审机制对案件进行筛选、分流和释法引导。不管是自己委托还是被强制指派的律师，一旦和申诉人之间形成了授权委托代理关系，律师就顺理成章地站到了申诉人一方，在遵循法律和事实的前提下认真开展代理活动，维系申诉人各种正当权利。因而，只有当代表、维护申诉人合法权益的律师在提出刑事申诉时即介入案件，并在立案受理前全程参与有关筛选、分流案件的预审工作，才能从形式和实质意义上真正发挥强制代理的制度价值，才能切实保障申诉权的实现、保障刑事申诉程序的正当性。

3. 强制代理的阶段及代理职责。按照人民检察院办理刑事申诉案件规定的程序，强制代理可以分为预审期、审查复查期和监督纠正期三个阶段；阶段不同则刑事申诉的具体任务就不同，律师代理的职责也不尽相同。

预审期即刑事申诉案件提起时、受理前的阶段。律师应当在提出申诉的第一时间介入刑事申诉，并帮助申诉人、配合检察机关对案件进行筛选、分流。在刑事申诉人不服生效裁判、决定向检察机关提起申诉时，一般应事先委托律师对其申诉请求、申诉理由、申诉材料等进行审查，并出具是否符合刑事申诉案件受理条件的律师意见；如申诉人没有委托律师，检察机关应当通知法律援助机构指派律师作为代理人，并审查提出是否符合受理条件的律师意见。对符合受理条件的，律师应帮助撰写申诉材料、收集证据材料、代表申诉人接受询问、提出代理意见等，协助申诉人督促检察机关依法受理；对不符合受理条件的，律师应提供法律咨询和解答，并按照“诉访分离”的原则，配合检察机关引导申诉人依法选择适当的救济渠道。对生活困难且符合司法救助条件的申诉人，应当帮助其向检察机关申请司法救助，推动争议矛盾的实质性化解。

审查复查期即检察机关从受理刑事申诉案件到作出审查复查决定的阶段。对检察机关依法受理的刑事申诉案件，律师应对照结合申诉人的诉求和理由等，在阅卷、会见、调查取证等方面提供相应的法律服务，帮助申诉人对检察机关审查复查意见的合法合理性进行分析评判，代表申诉人针对案件事实或法律适用问题与检察机关进行沟通并发表律师意见等。对检察机关审查复查后认为确有错误并作出结论的，律师应协助申诉人监督检察机关纠正撤销原处理决定、向人民法院提出抗诉或再审检察建议。对检察机关审查复查后认为原裁判、决定正确的，律师应站在法律专业人士的角度，协助检察机关开展释法说理和矛盾化解工作，综合运用法律思维、法治理念帮助申诉人对案件事实及裁判结果进行理性评析，并循序渐进地引导申诉人摆正心态、平和看待不同的申诉结论。对原案裁判、处理决定正确，但申诉人确有实际生活困难的，应配合检察机关帮助申诉人依法寻求适当的救济渠道，通过释法说理、救助帮扶等途径引导信访人息诉服判。

监督纠正期即检察机关启动纠错程序直至案件办结的阶段。由于检察机关决定撤销原处理决定或提出抗诉后，刑事申诉就进入了刑事国家赔偿、刑事再审等新程序，刑事申诉律师强制代理的任务也已基本实现，因而需要重新确立申诉人或当事人与律师之间的委托代理关系。对于发出再审检察建议的，在人民法院正式启动再审程序前，通过强制代理制度在申诉人与律师之间建立的委托代理关系依然存续，律师应当在委托事项范围内继续履行代理义务，直至协助申诉人实现申诉诉求。

（三）刑事申诉律师的执业权利范围

刑事申诉作为刑事司法救济程序，属于刑事诉讼程序的重要组成部分；刑事申诉律师的代理权则是刑事诉讼辩护权、诉讼代理权在刑事申诉阶段的延伸。《刑事诉讼法》总则对刑事诉讼指导思想、任务、基本原则、管辖、回避、证据、期间等涉及刑事诉讼全过程的制度进行了规范；分则在总则的统领、制约下，对办理刑事案件的程序作出进一步具体和丰富。《刑事诉讼法》总则第四章规定的辩护和代理制度就是贯穿刑事诉讼全过程的基本制度，分则在立案、侦查、审查逮捕、提起公诉和审判监督中规定的撤销案件决定、不批捕、不起诉决定和不服发生法律效力的判决、裁定申诉等具体诉讼程序，应当受到总则规定的统领和制约，适用包括辩护和代理在内的各项基本制度。因此，在律师与刑事申诉人建立委托代理关系后，当然地享有《刑事诉讼法》总则规定的辩护权和代理权。

1. 刑事申诉律师享有完整的代理权。在刑事诉讼中，被害人和犯罪嫌疑人、被告人都可以委托律师代理刑事诉讼活动。由于追究犯罪嫌疑人、被告人刑事责任的公诉职能，只能由检察机关代表国家行使，为了在诉讼中平衡控辩双方的关系，全面保障双方当事人的诉讼权利，法律对双方代理律师的诉讼职责和定位作了不同的规定，这也直接影响了双方代理律师相应的赋权范围划分。国家为保证无罪的人不受刑事追究，充分尊重和保障犯罪嫌疑人、被告人人权，《刑事诉讼法》《律师法》明确规定犯罪嫌疑人、被告人的代理律师，即辩护律师享有包括会见权、阅卷权、调查取证权、向犯罪嫌疑人核实证据权、表达辩护意见权、救济权等在内的一系列最为全面、具体的执业权利。由于检察机关代表国家行使控告追诉职能，已经在程序和实体上对被害人权益进行公权保护，作为被害人权益代表的诉讼代理人，执业权利的范围就明显小于辩护律师，未被明确赋予会见、阅卷等权利。

但在刑事申诉活动中，随着原案诉讼程序的终结，生效裁判、决定也终止了诉讼主体在原案中的法律地位和关系，被害人和犯罪嫌疑人、被告人在刑事诉讼程序意义上的直接法律对抗关系也在刑事申诉阶段发生了变化。根据《人民检察院办理刑事申诉案件规定》第 12 条第 3 项的规定，“申诉人是原案的当事人及其法定代理人、近亲属”。虽然沿袭原案视角，刑事申诉依然存在被害人和犯罪嫌疑人、被告人，但他们在刑事申诉中的法律身份已经被统一为“申诉人”，强调的是原案“当事人”身份，以及他们的法定代理人、近亲属。申诉人无论在原案中具有何种身份，在刑事申诉中的诉求都是一致的，即否定生效裁判或决定。申诉人诉求的一致性决定了申诉人地位的一致性，也决定了受托律师在刑事申诉阶段职责、地位的一致。原本存在于辩护律师与检察机关之间的直接对抗关系、辩护律师与诉讼代理人之间的间接对抗关系、诉讼代理人与检察机关之间的合作关系等，都在刑事申诉阶段转变为代理律师与检察机关既合作又对抗的关系。正是这种地位、职责的一致性，决定了刑事申诉代理律师执业权利范围的一致，也无须再对代理律师进行辩护律师和诉讼代理人的区分，也不必再对执业权利的范围作出不同的规定。如果在刑事申诉阶段还坚持按照原案诉讼身份区分代理律师的执业权利范围，既不符合《人民检察院办理刑事申诉案件规定》第 4 条规定的“全案复查”原则，又违反了法律适用一律平等的宪法精神和诉讼法原则，也不利于申诉人、代理律师、承办检察官全面客观地审查办理申诉案件。因此，刑事申诉阶段的代理律师可以统一称为“刑事申诉律师”，并根据《刑事诉讼法》《律师法》享有包括会见、阅卷、调查取证、发表律师意见等在内的完整的执业代理权。

2. 预审期的律师代理权。刑事申诉作为司法救济程序属于刑事诉讼程序的重要组成部分，总则规定的辩护和代理制度应当适用于刑事申诉程序。但是，由于申诉人对反映问题和诉求法律属性的认识偏差，一些申诉事项其实并不具有诉讼性质，不符合检察机关刑事申诉案件的受理条件，也无法通过司法程序或法定救济途径予以解决。因此，只有在刑事申诉行为具有诉讼性质时，刑事申诉律师才能依据辩护和代理制度的一般原理，适用刑事诉讼律师代理权的相关规定。在尚未判定刑事申诉行为是否具有诉讼性质的预审期，根据中央政法委《关于建立律师参与化解和代理涉法涉诉信访案件制度的意见（试行）》和最高人民法院、最高人民检察院、司法部《关于逐步实行律师代理申诉制度的意见》等，刑事申诉律师的代理权主要有 9 种。[①]

一是接待权，听取申诉人诉求、阅读申诉材料、询问案件情况。二是代为申诉权，为申诉人代为提交申诉材料、代写或接收法律文书、代理参加听证、询问等。三是评析权，根据案件事实以及有关法律规定，在对案

① 岳阳：《律师代理申诉案件中阅卷权问题研究》，载《海峡法学》2019 年第 2 期。

件基本情况开展审查核实的前提下，对申诉理由、依据和诉求进行分析评议，提出问题的应对之策。四是申请公开权，引入相关领域的专家学者、群众代表甚至相对方当事人、历经申诉人员等，公开评议案件是否符合刑事申诉受理条件；申诉人的诉求是否有理合法；对疑难、复杂的案件，可以申请检察机关举行公开听证，并邀请相关领域专家、人大代表、政协委员及群众代表等社会第三方参加。五是建议权，经过分析、评议，认为符合受理条件且原案件处理存在执法错误或瑕疵的，及时向有管辖权的检察机关提出法律意见和工作建议。六是监督知情权，与检察办案机关沟通了解受理立案、审查进展、审查结果等相关案情，要求检察机关在法律规定期限内审查有关的申诉意见。七是救助申请权，对生活困难且满足国家司法救助要求的申诉人，可以帮助其向政法机关申请国家司法救助；开展国家司法救助后并未摆脱困境或者不满足国家司法救助条件的，可以另辟蹊径将其导入相关政府部门的社会救助领域。八是人身安全保障权，对在代理申诉过程中出现可能危害人身安全的违法行为，要求检察机关依法及时制止，固定证据，并做好相关处置工作。九是获得报酬权。任意代理的律师可以与申诉人自愿协商代理费用，指定代理的律师可以收取国家支付的全额服务费，并获得适当补助及奖励。需要特别提示的是，刑事申诉律师在接待申诉人时，应从源头上规范刑事申诉接待流程。对申诉人反映的事项应当如实记录，并在制作笔录后由申诉人签字确认，方便以后查阅，做到有备无患。需要注意的是，应通过对刑事申诉的受理条件、调卷审查或复查的可能性、终局的办案结论等情况的剖析，规范履行风险告知程序，尽可能压降申诉人过高的心理预期，为下一步疏导化解刑事申诉矛盾铺垫基础。

3. 审查复查期和监督纠正期的律师代理权。根据诉讼法学的理论，权衡某一行为是否具备诉讼性质，主要是看该行为是否具备这样几个条件：一是该行为是否为诉讼法所肯定，且是否为当事人等诉讼法律关系的主体所实施；二是该行为是否属于保护当事人合法权益的一种诉讼手段；三是该行为的实施能否引起诉讼中一定的法律后果。[①] 依此条件，《刑事诉讼法》规定的申诉人为维护原案当事人的合法权益，按照审判监督程序和《人民检察院办理刑事申诉案件规定》等提起的刑事申诉，在检察机关受理后应当进行审查，并在结案后出具《刑事申诉结果通知书》。因此，以被检察机关受理进入法律程序为节点，刑事申诉行为在受理后即具有诉讼性质，刑事申诉律师可以依据《刑事诉讼法》总则规定的辩护和代理制度行使代理权。不区分辩护人和诉讼代理人身份的刑事申诉律师，在检察机关受理刑事申诉案件后，应享有会见、阅卷、调查取证、核实证据、表达律师意见、救济等完整的代理权；检察机关也应当依法保障刑事申诉律师的执业权利，尤其要重点保护三项执业权。

（1）会见权。会见权是刑事申诉律师应当享有的一项基本执业权。如果刑事申诉案件的当事人被羁押，为了解其所涉及的原案罪名及有关案件情况，刑事申诉律师在羁押场所进行会见并听取本人意见和理由，是代理律师参与刑事申诉并行使代理权的基本内容。如果会见权受到侵害，刑事申诉律师有权向同级或者上一级人民检察院提出申诉或者控告。

根据《刑事诉讼法》第 37 条、《监狱法》、《刑事诉讼规则》和《公安机关办理刑事案件程序规定》等法律规定，刑事申诉律师行使会见权的主要内容应当包括：同在押的原案当事人会见和通信，向其了解原案的有关情况；为在押的委托方原案当事人提供有关原案的法律帮助；向在押的原案当事人了解原案罪名，了解原案采取强制措施的情况及期限，了解原案诉讼参与人有无受到刑讯逼供或在被威胁、引诱、欺骗的情形下接受询问、讯问等情况。如果发现原案侦查中有侵犯公民诉讼权利和人身侮辱的行为，可以按照委托人的意见代理提出控告。刑事申诉律师通过会见时了解到的情况，可以为在押的委托方原案当事人提供有关原案的法律咨询；有权按照委托人的意见代理提出申诉、控告；刑事申诉律师认为原案确有错误可能的，可以请求检察机关启动监督纠错程序。刑事申诉律师会见在押的原案当事人，可以向其核实原案有关证据，有权询问案件事实，听取

---

① 参见姜小川：《刑事申诉法律性质之探讨》，载《法学》1997 年第 1 期。

陈述或辩解；有权核对有关证明原案当事人有罪、无罪、罪轻、罪重的材料，询问有无新的证人、物证及证据线索；有权了解原案当事人羁押期限、有无随案被扣押、冻结的财产等情况。刑事申诉律师结合会见时了解到的情况，必要时可以申请调查取证或者依法自行收集证明原案当事人“有罪无罪”或者“罪轻罪重”的证据。依法向人民检察院提出证明原案当事人有罪或者无罪、罪轻或者罪重以及减轻、免除其刑事责任的代理意见。刑事申诉律师会见在押的原案当事人时，有权向其告知代理意见、刑事申诉程序、当事人享有的诉讼权利等。

刑事申诉律师持律师执业证书、律师事务所证明和委托书或者法律援助公函，依照《刑事诉讼法》的规定会见在押的原案当事人时，如认为羁押场所及其工作人员有阻碍其依法行使诉讼权利的行为，可以按照《律师法》第 33 条、《刑事诉讼规则》第 57 条和《关于依法保障律师执业权利的规定》等，向检察机关提出申诉或者控告。检察机关在收到刑事申诉律师提出的申诉或者控告后，应当按照《人民检察院刑事诉讼规则》第 58 条及时受理并调查核实，在 10 日以内办结并书面答复；对情况属实的，应通知看守所或监狱等有关机关予以纠正。

（2）阅卷权。刑事申诉律师作为申诉人权益的维护者，阅卷是全面了解案情、有效发表意见、充分行使代理权的基础，也是保证申诉人与检察机关在刑事申诉中地位平衡的必然要求。《刑事诉讼法》第 40 条规定：“辩护律师自人民检察院对案件审查起诉之日起，可以查阅、摘抄、复制本案的案卷材料。……”刑事诉讼辩护律师的阅卷起点是审查起诉之日，但阅卷终点并未限定。① 虽然实务中在代理律师和当事人结束委托代理关系后，司法机关一般不再向原代理律师提供阅卷服务保障，但这种实务做法并不是当然地否定因维护当事人权益而产生的律师阅卷权。比如，被告人在一审结束后与代理律师结束了委托代理关系，但在二审重新委托代理律师后，新的代理律师可以继续按照辩护权的规定行使包括阅卷在内的各项执业权利。刑事诉讼程序不仅包括一审、二审程序，还包括死刑复核和

① 参见陈恋：《简析刑事申诉阶段律师调查取证权》，载《法制与社会》2017 年第 2 期。

审判监督程序，每个程序都应当充分维护和保障当事人的合法权益。刑事申诉作为审判监督程序的一部分，自始至终都没有脱离审判程序的框架，是审判活动在裁判生效后的法律延伸，相应的有利于维护保障当事人即刑事申诉阶段申诉人合法权益的律师代理权也应继续沿用，刑事申诉律师在检察机关受理案件后理应享有阅卷权。对此，《关于逐步实行律师代理申诉制度的意见》第 9 条规定："依法保障代理申诉律师的阅卷权、会见权。在诉讼服务大厅或者信访接待场所建立律师阅卷室、会见室。为律师查阅、摘抄、复制案卷材料等提供方便和保障。对法律援助机构指派的律师复制相关材料的费用予以免收。有条件的地区，可以提供网上阅卷服务。"

但在司法实践中，由于规范刑事申诉律师阅卷权的文件颁布于不同时期，内容上也有不尽相同之处，导致不同的检察机关在保障刑事申诉律师阅卷权的时点选择上的做法不一。其中争议最多、实践操作差别最大的一点来自对《关于依法保障律师执业权利的规定》第 14 条第 1 款的理解。《关于依法保障律师执业权利的规定》第 14 条第 1 款后半段规定："辩护律师办理申诉、抗诉案件，在人民检察院、人民法院经审查决定立案后，可以持律师执业证书、律师事务所证明和委托书或者法律援助公函到案卷档案管理部门、持有案卷档案的办案部门查阅、摘抄、复制已经审理终结案件的案卷材料。"一些检察机关据此认为只有在"审查决定立案后"，刑事申诉律师才能行使阅卷权。但检察机关受理案件后，一般先由控告申诉检察部门进行审查，对审查符合《人民检察院办理刑事申诉案件规定》第 19 条规定的三类案件再移送刑事检察部门审查，只有刑事检察部门审查认为原裁判、决定存在错误可能、决定复查的才予以立案。因此，在受理后、决定复查前的环节，刑事申诉律师在检察机关没有阅卷权。需要注意的是，第 14 条第 1 款的规定既适用于人民检察院，也适用于人民法院，对"立案"的理解应当同时包含两个部门有关办理刑事申诉案件的情形。人民法院办理刑事申诉案件一般会先后两次立案：第一次是受理时的申诉立案，第二次是复查认为符合《刑事诉讼法》第 253 条规定条件之一的再审立案。[①] 刑事申诉人向人民法院提起申诉时，人民法院对申诉主体资格、申诉时间范围和申诉材料形式进行审查后，认为符合申诉条件的即予以受理，并编写案号进行申诉立案登记。实践中，人民法院也正是从申诉立案时起向刑事申诉律师提供阅卷服务的。从审查形式和内容看，人民法院的申诉立案是与人民检察院的申诉受理决定相对应的，在立案和作出受理决定后，人民法院和人民检察院都开始对案件进行审查复查，直至作出是否再审或抗诉的结论。因此，第 14 条第 1 款规定的"立案"其实质含义是符合申诉条件的案件，在人民检察院、人民法院审查后决定予以受理，也标志着刑事申诉程序已被正式启动。如果仅从字面意义简单理解"立案"，检察机关在案件受理后仍然拒绝阅卷，事实上既会造成刑事申诉律师阅卷权在法、检的不一致，也容易招致申诉人的误解，更有悖于律师代理化解刑事申诉矛盾的制度初衷。因此，刑事申诉律师不仅享有阅卷权，而且在案件受理后即可依法行使阅卷权。

此外，刑事申诉律师的阅卷范围不仅包括审查起诉后的案卷材料，也包括移送审查前的侦查案卷材料。《关于逐步实行律师代理申诉制度的意见》第 9 条规定，"依法保障代理申诉律师的阅卷权"，并没有按照是否移送审查起诉的标准，对刑事申诉律师的阅卷范围进行特别限制。既然没有限制，也就可以理解为不限制，意味着在没有禁止性事由的情形下，刑事申诉律师可以查阅全案卷宗。而且，《刑事诉讼法》第 40 条"辩护律师自人民检察院对案件审查起诉之日起，可以查阅、摘抄、复制本案的案卷材料"的规定，也与刑事申诉律师可以查阅全案卷宗的原则不矛盾。基于有效侦查的需要，辩方在侦查阶段的阅卷权会受到不同程度的限制。即使是准许辩护律师在侦查阶段阅卷的国家，侦查机关也可以在被告有篡改、毁灭证据或干扰证人作证等可能时，以危及侦查目的为由限制辩护律师的阅卷权。[②] 但是当案件进入刑事申诉程序时，原案刑事处理决定已经诉讼终

---

① 参见《刑事案件申诉指南－诉讼指南》，载中国审判流程信息公开网，https：//splcgk.court. gov. cn/gzfwww/sszn/details？ id = ff8080816078b96b01609225a47e0868。

② 参见李冉毅：《欧洲人权法院对侦查阶段律师阅卷权的保障及启示》，载西南政法大学人权教育与研究中心编：《中国人权评论》第 9 辑，法律出版社 2018 年版。

结、刑事裁判也已发生法律效力，无论是审查起诉卷、审判卷，还是侦查卷都属于已办结案件的统一存档卷宗，也无须再按原诉讼阶段对查阅卷宗的范围作出划分。显而易见的是，刑事申诉律师查阅全案卷宗不会也不可能对原案的有效侦查造成干扰和影响，也就不能以《刑事诉讼法》第 40 条规定轻易否定刑事申诉律师的全案阅卷权。而且，检察机关管辖的刑事申诉案件共有 5 类，分别是：第一，不服人民检察院因犯罪嫌疑人没有犯罪事实，或者符合《刑事诉讼法》第 16 条规定情形而作出的不批准逮捕决定的申诉；第二，不服人民检察院不起诉决定的申诉；第三，不服人民检察院撤销案件决定的申诉；第四，不服人民检察院其他诉讼终结的刑事处理决定的申诉；第五，不服人民法院已经发生法律效力的刑事判决、裁定的申诉。但这 5 类案件中，第一、三、四类案件并不会必然地进入审查起诉环节，如果不赋予刑事申诉律师全案阅卷权，既掏空了刑事申诉律师行使代理权的基础，也明显不利于维护申诉人的合法权益，更可能激化申诉矛盾、制造新的不稳定因素。因此，从法理和事理出发，刑事申诉律师应当享有全案阅卷权，检察机关也应当服务和保障刑事申诉律师的全案阅卷权。

（3）调查取证权。在律师代理刑事申诉案件后，律师的证据收集能力既关系到申诉诉求可能实现的程度，也关系到申诉人对检察机关审查复查结果的认可接受程度。《律师法》第 35 条第 1 款规定："受委托的律师根据案情的需要，可以申请人民检察院、人民法院收集、调取证据……"《刑事诉讼法》第 41 条、第 42 条、第 43 条也分别赋予了辩护律师申请调查取证权、自行调查取证权。按照刑事司法逻辑，刑事申诉律师调查取证的流程一般应当是会见申诉人，结合申诉人的访谈内容、重点诉求和申诉理由等进行阅卷，发现证据线索后再自行调查取证或申请检察机关调查取证。但由于言词类证据的易变性会增加律师自行调查取证的风险，《刑事诉讼法》第 44 条规定代理律师引诱作证、伪证或干扰司法机关诉讼活动的"应当依法追究法律责任"，为规避执业风险，律师大都会选择申请检察机关调查取证。如果是自行调查取证，收集言词类证据也都是先由申诉人与证人、当事人进行沟通，再由律师询问后制作调查笔录；实物类证据也大多是由申诉人提供的，自行调查取证在一定程度上由申诉人取证替代了律师取证。而且，律师调查取证本应全面收集各类证据，对物证、书证、证人证言等进行收集，但由于面临言词类证据反复、律师引诱作出虚假证言的风险，绝大多数律师在调查取证时都倾向于收集书证、物证等客观证据，甚至怠于行使自行调查取证权、规避职业风险的也不在少数。但是，刑事申诉律师取证能力不足、取证积极性不高，又会或多或少地影响到刑事申诉案件的办理质效，制约或削弱“三个效果”的有机统一。因此，检察机关在办理刑事申诉案件的过程中，应当全面充分地保障刑事申诉律师行使调查取证权特别是申请调查取证权，防止出现因律师获取材料的局限性或申请取证权的缺失，而造成刑事申诉查纠冤假错案作用受损、申诉人合法权益保障不力、司法公正的实现遭遇阻碍等现象。

检察机关应当切实履行好对刑事申诉律师的申请调查取证权，当刑事申诉律师凭借一己之力而无能无力时，即获得了以书面形式向检察机关申请调查取证的请求权。检察机关在收到调查取证的请求后理应按照《人民检察院刑事诉讼规则》第 50 条、第 51 条、第 52 条、第 53 条等规定进行审查，对律师认为可以证明申诉人无罪或者罪轻但未提交的证据材料、需要向证人或者其他有关单位收集的本案材料、需要向对方当事人或者其近亲属及其提供的证人收集的本案材料等，如审查认为申请调取的证据已收集且与案件事实有联系或需要收集、调取的，应当进行调查取证；在移送、收集、调取证据后应及时通知刑事申诉律师查阅、摘抄、复制。如根据刑事申诉律师的申请收集、调取证据，也可以通知、安排律师在场。对律师调查取证的申请审查后，如认为与案件事实没有联系或不需要收集、调取的，在决定不予调取后，应当向刑事申诉律师书面说明理由。对检察机关不予调取证据决定不服的刑事申诉律师可以向上级检察机关提起申诉。

检察机关应对刑事申诉律师正常行使自行调查取证权的行为保持应有的谦抑、审慎。《律师法》专章规定了律师的业务和权利义务，对律师的执业权利作了全面、完善的规定，第 37 条明确提出：“律师在执业活动中的人身权利不受侵犯。律师在法庭上发表的代理、辩护意见不受法律追究。……”为律师在法庭上履行辩护、代理职责，充分发挥律师职能作用提供了保障，也在事实上赋予了律师在庭审中的执业豁免权。虽然司法部在《对十三届全国人大四次会议第 4161 号建议的答复》中表示，“将律师职业豁免权从庭审扩展至侦查和审查起诉等律师开展执业活动期间，需要会同中央有关单位认真审慎研究”。但依照《关于依法保障律师执业权利的规定》第 2 条规定：“人民法院、人民检察院、公安机关、国家安全机关、司法行政机关应当尊重律师，健全律师执业权利保障制度，依照刑事诉讼法、民事诉讼法、行政诉讼法及律师法的规定，在各自职责范围内依法保障律师知情权、申请权、申诉权，以及会见、阅卷、收集证据和发问、质证、辩论等方面的执业权利，不得阻碍律师依法履行辩护、代理职责，不得侵害律师合法权利。”对刑事申诉律师依法行使自行调查取证权的行为，检察机关也应予以依法保障。如果刑事申诉律师调查收集的言词证据与原案证据相悖，检察机关再次向相关人员取证时言词证据又出现反复，检察机关也应保持谦抑、审慎的态度，不轻易指控律师可能涉嫌引诱证人作出虚假陈述。在尊重事实和法律的前提下，以依法、客观、准确的审查，减轻律师对正常执业可能涉嫌犯罪的无谓担忧，进而消除其思想顾虑和心理压力，确保刑事申诉律师调查取证权的有效行使。

检察机关依法履行法律监督职能、保障刑事申诉律师执业权利、高质效办理刑事申诉案件，不仅要保障会见、阅卷、调查取证三项重点权利，也要全面保障刑事申诉律师的其他执业权。比如：知情权，检察机关在受案后须及时履行向律师告知办案内容、办案进程和办案结论等的义务。参与权，检察机关须在刑事申诉案件办理审查过程中确保律师得以全过程参与，能够跟踪办案并提出意见建议、协助调查取证。参与公开审查权，检察机关在组织公开示证、公开论证等活动时，应安排律师参加，围绕事实、法理、争议证据及法律适用等进行示证、论证，以律师的有效参与增强案件审查的透明度，消除申诉人疑虑，提升检察机关的公信力。异议权，对申诉人及其律师有不同看法的审查结果，检察机关采纳律师有关释法说理的建议时，并在相关法律文书中明确说理。解除委托权，如申诉人具有无正当理由拒不配合律师工作、故意刁难诋毁律师以及侵犯律师正当权益等情况的，应表明立场并将上述情况及时告知司法行政部门，支持配合律师解除委托代理。

（四）完善配套机制建设

1. 健全和完善法律援助机制。要想打通刑事申诉律师代理制度的堵点，首先应当扩大法律援助范围。按照中央政法委《关于建立律师参与化解和代理涉法涉诉信访案件制度的意见（试行）》，通过检察和司法行政机关联合建立的律师参与涉法涉诉案件接待工作机制，申明委托律师代理刑事申诉案件是申诉人向检察机关提出有效刑事申诉的基本条件，申明接受指派代理刑事申诉案件是全体律师应当承担的社会责任，将没有委托刑事申诉律师代理的申诉案件全口径纳入法律援助范围。完善检察机关与法律援助机构的联动机制，对申诉人提起刑事申诉但未委托律师代理的，检察机关应当告知申诉人可以自行委托律师或申请法律援助机构指派律师代理申诉；对需要申请法律援助的申诉人，检察机关应当协助联系法律援助机构指派律师提供法律帮助或代理申诉。法律援助机构在收到申请或接到通知后，应当及时指派律师为申诉人提供法律服务。如在同一个刑事申诉案件中，申诉人累计两次拒绝为其指定的律师代理的，法律援助机构须明确记录在案，告知申诉人将丧失在该案中要求指定律师代理的权利，并将情况通知检察机关。对由律师代理且经两级检察机关审查作出相同处理决定的，经省级检察机关研究决定后可以依法终结、不再受理；对申诉人拒绝委托律师代理刑事申诉案件的，检察机关可以在听取法律援助机构指派的相关律师意见后，提出不予受理的建议报上级检察机关决定后执行。但经审查认为确有冤错可能案件的除外。

2. 探索建立刑事申诉律师准入机制。刑事申诉案件大都是疑难复杂案件，对代理律师的政治素养、专业素质、职业态度等要求高、标准高。因此，可以借鉴律师分级出庭制度的精神，在综合考虑律师政治素养、执业经历、执业期限、执业水平、职业操守等情况的基础上，由司法行政机关、律师协会及相关专业委员会会同检察机关一道创建专业的刑事申诉律师库，对入库律师的数量合理确定，并研究确定刑事申诉律师的资格条件。比如，入库律师应当具有三年以上刑事执业经历且具备一定的经济基础等，不得有不当执业行为或因违法违规行为受到处分等。司法行政机关、律师协会及相关专业委员会对律师事务所进行等级评定、表彰奖励或会同有关机关研究制定税费政策时，应当综合考虑律师事务所的入库律师数量和履行法律援助义务等情况。检察办案机关应当围绕律师代理刑事申诉工作与律师协会等相关职能单位构建良性互动机制，定期通报情况、协调解决问题、规范律师行为，推动律师代理刑事申诉制度高水准运行。

3. 健全和完善刑事申诉律师保障激励机制。在市场经济条件下，律师作为一种经济体，其付出的劳动应当以一定的价值形式得以实现。客观上，刑事申诉发现冤假错案的毕竟是极少数，律师有相当的工作还是向申诉人释明法律、说理劝导，发挥个人能力的空间与代理普通程序案件有很大的区别，代理周期长、代理难度大、代理费用少，律师代理刑事申诉的积极性和办案质量都受到了严重制约。因此，在检察环节刑事申诉案件实行律师代理必须保障先行、激励到位。检察机关应协助司法行政机关完善经费保障体系，采取摸底排查、问询了解、走访研究等方式确定每一年度的经费预算数额，推动纳入同级财政预算，做到专项审批、专款专用，为律师代理刑事申诉扫除资金障碍。检察机关要做好对律师合法权益和人身安全的保障工作，适时择机公布律师代理刑事申诉的典型案例，宣传律师代理工作的积极成效，提高律师代理的积极性、主动性。加大提供政策性支持力度，对能力突出、成效显著、率先示范的代理律师，建议律协等单位给予个人或律所表彰奖励，发挥良好的示范带动作用。围绕法律职业共同体建设，借助媒体资源强化社会引导、弘扬责任担当，倡导律师在维权、守正、维稳等方面同向发力，并全面加强优秀律师与检察官之间的相互流动、同堂培训，切实保障法律职业群体间的良性互动。

4. 规范完善检察工作机制。继续坚持并完善刑事申诉案件审查复查“两见面”制度，全面铺开权利告知、风险提示制度，确保代理方和被代理方都能理性平和地看待办案结论，做到心中有数。检察机关在受理案件后应着手安排第一次见面，主要目的是取得支持配合、交流案件情况，案件办结后应及时进行第二次见面，主要目的是告知办案结论、开展释法析理。需要注意，要提高统一业务应用系统的规范化运行程度，并以此为平台促进案件的公开，注重采取公开听证等公开审查方式方法，以程序上的公开透明争取信任和支持。

从更高层面看，律师在刑事申诉案件办理过程中的有效参与，不仅会影响申诉人在个案中的合法权益，而且也会对整个刑事司法产生深远影响。检察机关只有在习近平法治思想的指导下，坚持在改革中优化创新刑事申诉理论、制度和机制，才能在面对数量庞大、案情复杂的刑事申诉案件时，切实做到保障申诉人的合法权益、履行法律监督职责使命、维护司法权威和公平正义。

第六章

刑事申诉的检察难题及解决路径

作为公民的基本权利，申诉权已被现代民主国家普遍确立，我国《宪法》第41条明确规定公民对于任何国家机关和国家工作人员均享有申诉的权利。公民的申诉权，赋予了处在弱势地位的公民在面对国家公权力时一种与之抗衡的力量，申诉权与批评建议权、控告检举权等公民的基本权利相互配合共同构成了公民对国家权力的监督和救济体系。① 申诉权作为公民的基本权利，在具体制度的设计上体现为诉讼申诉和非诉讼申诉，二者的主要区别在于是否涉及诉讼程序，前者是公民对于已经发生法律效力的判决、裁定以及决定不服，依法向审判机关、检察机关提出重新处理的要求，后者则是公民不服党政等机关的处罚、处分以及处理从而提出的异议。在司法程序中，诉讼申诉可以基于不同的诉讼类别分为民事诉讼申诉、刑事诉讼申诉以及行政诉讼申诉。在刑事申诉内部，又可以基于不同的诉讼阶段分为侦查阶段的申诉、审查起诉阶段的申诉、对司法机关执行行为的申诉、对生效裁判的申诉。②

当前，申诉制度仍是我国司法实践中的一个难点问题，由于申诉程序和相关的配套制度尚有待完善等原因，申诉问题依然困扰着司法机关和行政机关。司法程序中的申诉旨在对已经生效的终局性裁判、裁定、决定等进行救济，这符合司法公正性的要求，但同时基于司法程序的效率性、二审终审制的要求，又不能让所有的案件都最终流向申诉程序，因此诉讼申诉所面临的难题在于如何在公正性、效率性和司法权威中找到一个合适的

① 参见茅铭晨：《论宪法申诉权的落实和发展》，载《现代法学》2002年第6期。

② 参见赵霞：《刑事申诉制度改革研究》，法律出版社2020年版，第7~9页。

平衡点。在三种不同的诉讼程序中，刑事诉讼申诉案件主要来自申诉人对刑事案件的处理不服，因涉及定罪和刑罚的问题，所以刑事诉讼申诉案件相较于其他两种申诉又具有一定的特殊性。

作为“文明社会的野蛮现象”，犯罪问题已经成为当今世界普遍面临的最严重的社会问题之一，① 与犯罪相对应的刑罚措施，也成为国家最为严苛的制裁手段，但是让犯罪人承担罪责的审判程序本身，也容易产生滥权行为，并且难以在程序本身内得到纠正。② 刑事法治所秉持的公正、谦抑、人道的价值目标，③ 不仅要体现在全诉讼过程中，也同样要体现在与诉讼过程相配套的监督纠错和救济措施之中。刑事申诉检察制度在刑事诉讼申诉案件的监督纠错与救济保障中发挥着至关重要的作用。刑事申诉检察制度，是指在提起公诉阶段，检察机关对于被害人就不起诉的生效决定提出的申诉案件具有监督纠错的法律职能，在刑事审判结束以后，检察机关对于申诉人针对已经生效的裁判向检察机关提出的申诉也具有监督纠错的职能。检察机关发现违法情形的，可以依法提出抗诉、纠正意见或者检察建议。因此对于刑事诉讼活动而言，刑事申诉检察制度是一项以保障公民申诉权为原则，以救济错误生效裁判、决定为目的的检察监督保障机制。

监督纠错是刑事申诉检察的固有属性，作为司法活动防错纠错的最后一道关口，在办理并纠正刑事申诉案件审查过程中发现的各类冤假错案，是刑事申诉保有并实现法律监督功能，实现对司法权力运行制约监督的根本所在。刑事申诉检察实现的法律监督是集内外监督制约于一身的监督，不仅审查办理不服检察机关处理决定的申诉案件，从检察权内部进行自我纠错、自我净化；也审查办理不服法院生效裁判的申诉案件，对审判权、侦查权的运行进行监督制约，因而可称之为“法律监督中的监督”。相较于其他形式的法律监督，由于监督对象是已经生效的处理决定和判决、裁

① 参见梁根林：《刑事政策：立场与范畴》，法律出版社 2005 年版，第 1 页。

② 参见［美］赫伯特·L. 帕克：《刑事制裁的界限》，梁根林译，法律出版社 2008 年版，第 226 页。

③ 参见陈兴良：《刑法哲学》（第 6 版），中国人民大学出版社 2017 年版，第 12 页。

定，因此刑事申诉是一种事后监督纠错机制，并不当然地存在于每一起刑事诉讼案件的办理活动中，也不直接地影响或干扰原来正常、独立进行的刑事诉讼活动，是具有中立性且纯粹的法律监督。

作为一种刑事司法救济程序，刑事申诉法律监督价值作用的现实发挥，也长期受到理论界实体真实主义和有限救济理论的关注和影响。实体真实主义的研究侧重点主要在于刑事诉讼的目的，认为刑事诉讼中实体优于程序，刑事诉讼要为发现实体真实服务，秉持“实事求是、有错必纠”以及强调“打击而不能放纵犯罪”等思想和观念，应使无罪之人免受刑事追究、让有罪之人罚当其罪，因而对刑事申诉的主体、理由、期限、次数等规制相对持宽松的态度。有限救济理论也被称为一事不再理或禁止双重危险原则，认为从刑事诉讼的内在价值规律出发，维护判决的有序性、司法的权威性和尽快恢复稳定社会关系等优先于无限度、无止境地寻求所谓的事实真相，反对把社会关系置于长期、不确定的刑事追诉和刑罚处罚风险下，主张严格限定刑事申诉的审查受理条件等。近年来，随着一批有重大影响的冤假错案陆续得到监督纠正，以及人权保障条款“入宪”“入刑”呼声的日益响亮，两种理论的间隙开始缓慢缩小，也逐渐呈现出融合发展的迹象，相对的一事不再理、相对的禁止双重危险原则等新观念开始出现。这种理论上的探讨仍在继续，新变化发展的司法理念对刑事申诉实务带来的震荡影响也将会是长期的、深远的。时至今日，虽然包括检察机关在内的司法机关付出艰辛的努力，在刑事申诉案件办理过程中努力向社会清晰地传递“让老百姓在每一起案件中感受到公平正义”的司法信号和理念，却由于司法理念、办案实践、社会认知的交叉冲突、重叠变化，仍然没有从根本上改变人民群众认为刑事冤假错案申诉难、纠正难的看法。

自党的十八大以来，在习近平法治思想的指导下，检察机关进一步强化人权司法保障的鲜明立场，2013—2017 年，对受理申诉或办案中发现的“张氏叔侄强奸杀人案”“沈某斤故意杀人案”“卢某新强奸杀人案”“李某故意杀人案”等 18 起重大冤错案件，及时提出抗诉或再审检察建议，人民法院均改判无罪。对人民法院再审的聂某斌案、呼某吉勒图案、王某军无证收购玉米案等案件，检察机关同步成立专案组，重新复核证据、明确提出纠正意见，共同纠错。[①] 2018—2022 年，检察机关针对原判 10 年有期徒刑以上刑期的 10 件重大冤错案件依法履行法律监督职能，最终改判无罪。谭某义因一起灭门惨案被判处死缓，关押时间长达 29 年。经最高人民检察院抗诉后法院作出无罪判决，并督促公安机关继续追查真凶。但有罪则决不允许犯罪分子趁机逃刑。辛某杀害女友后制造坠亡假象被判无罪，最高人民检察院受理申诉后，全面复勘现场、重新鉴定、完善证据，依法提出抗诉，法院以故意杀人罪改判其死缓。[②] 特别是安徽对杨某武故意杀人刑事申诉案件的办理，检察机关在审查办案中突破“亡者归来”“真凶再现”等传统冤错案发现途径，接续 16 年提出 3 次再审检察建议，最终推动法院再审改判无罪。最高人民检察院针对此案表示：在既无“真凶再现”，也无“亡者归来”的情况下，此案得以最终改判，体现了检察机关始终秉持疑罪从无的司法理念，坚守纠防冤错案件最后防线的履职担当。每一个再审改判案件，无不昭示着中国特色社会主义法治的长足进步，无不展现了司法机关刀刃向内、勇于纠错的自我革命精神，也都在社会上引起了广泛的关注和反响。

但在实践中，由于提出刑事申诉的案件数量和审查复查提出再审检察建议、抗诉的案件数量，以及启动再审程序最终获得改判的案件数量相差悬殊，在接受外界对刑事申诉办案成效肯定的同时，检察机关自身也更加清醒地意识到回应破解“申诉难”“滥申诉”“息诉难”等工作痼疾的紧迫性、重要性。据统计，J 市检察机关 2018—2022 年共接收刑事类申诉案件 479 件，其中作为刑事申诉案件进行受理的 196 件。受理的案件中，不服法院生效裁判的 169 件，不服诉讼终结处理决定的 27 件。对于不服生效裁判的申诉，受理后控告申诉检察部门审查认为存在错误可能并移送刑事检察部门办理的 22 件，刑事检察部门对移送的刑事申诉案件审查认为存在

---

① 参见《2018 年最高人民检察院工作报告》《2019 年最高人民检察院工作报告》《2020 年最高人民检察院工作报告》《2021 年最高人民检察院工作报告》《2022 年最高人民检察院工作报告》，载最高人民检察院官网，2018 年 3 月 25 日、2019 年 3 月 12 日、2020 年 5 月 25 日、2021 年 3 月 8 日、2022 年 3 月 8 日，https：//www. spp. gov. cn/spp/gzbg. shtml。

② 参见《2023 年最高人民检察院工作报告》，载最高人民检察院官网，2023 年 3 月 7 日，https：//www. spp. gov. cn/spp/gzbg. shtml。

错误可能并决定复查的 11 件。复查后认为生效裁判确有错误应当提出抗诉的 6 件，最终提出抗诉或再审检察建议的 6 件，提出抗诉或再审检察建议后被法院采纳再审改判的 5 件。对 23 件不服诉讼终结处理决定的申诉，立案复查后均维持原处理决定。从监督纠正形式看，对不服法院生效裁判案件监督形式主要为再审检察建议，占 60%。从监督纠正效果看，抗诉或提出再审检察建议得到法院支持的占 83.3%；对不服检察机关处理决定案件的纠正率为 0。从监督纠正期限看，对不服法院生效裁判案件，均在 2 年内办结。提出纠正意见的案件中，在 1 年内纠正的案件占比为 50%，1—2 年内纠正的案件占比为 33.3%。从监督纠正依据看，对不服法院生效裁判案件，监督纠正的主要理由为法律适用不当，占比达 60%；因事实认定错误而监督纠正的占比为 40%。悬殊的数据既在一定程度上映射了“申诉难”“滥申诉”“息诉难”的缘由，也折射出刑事申诉工作亟须破解的监督体系不完善、刚性不足等现实难题。

一、刑事申诉检察中的“五难”

刑事申诉检察是中国特色社会主义检察制度的重要组成部分，对于公民而言，刑事申诉检察是维护自身合法权益的重要途径；对于检察机关来说，刑事申诉检察是法律监督的重要手段。因此刑事申诉检察制度的设计是否科学和合理，不仅关系到能否让人民群众在每一个司法案件中感受到公平正义，也关系到人民法院的生效裁判、人民检察院的生效决定是否具有稳定性。不仅如此，刑事申诉检察制度也会对国家刑罚权的正当性和公正性产生实质的影响。

但是现行刑事申诉检察制度在司法实践中仍存在一些亟待优化完善的环节，制度设置的目标与司法实践的运行之间也存在一些尚未严丝合缝的间隙。一方面，从检察机关内部出发，面临着理念转变难、秩序规范难、审查办理难等问题；另一方面，在检察机关外部还面临着监督纠正难、释法说理难等问题。对于这些问题只有进行深度剖析，才有可能为刑事申诉检察工作提供一个法治化与可行性兼备的路径与方案。

(一) 理念转变难

1. 传统理念与社会基础。检察机关对刑事案件的监督纠错工作，大致经历了三个阶段：一是检察机关接待群众时期。中华人民共和国成立后至20世纪60年代中期以前，我国刑事案件监督纠错工作以接待人民群众来访，处理人民群众来信，听取人民群众相关意见建议为主，1954年11月23日，最高人民检察院办公厅下设控诉组，主管人民来访的接待，来信的答复，控诉案件的办理、转办、催办等事项。二是信访工作阶段。20世纪70年代中期到80年代中期，恢复重建之初，平反冤假错案、拨乱反正成为检察机关的工作重点，1979年根据《人民检察院组织法》，最高人民检察院设立了信访厅，主要处理人民群众的来信、来访工作，在这一阶段信访案件数量极其庞大，当时最高人民检察院有“全院办信访”的说法。三是刑事申诉检察阶段。自1979年以后，检察系统平均每年都要受理信访100万次，但是非业务的信访比例在逐渐减少，刑事案件的申诉有所上升，因此需要建立起新的刑事申诉检察制度。1986年最高人民检察院印发的《人民检察院控告申诉检察工作细则（试行）》，推动了刑事申诉检察工作走向制度化、专业化和规范化，这是我国刑事申诉检察制度工作迈出的十分重要的一步。

在刑事申诉检察工作起步阶段，面对改革开放这样一个重大的转型时期，为了压制突然增高的犯罪率，为改革开放争取时间，1983年我国将中华人民共和国成立后的“惩办与宽大相结合”的刑事政策修改为“依法严厉打击刑事犯罪分子活动”（以下简称“严打”）刑事政策。随后的20多年中，“严打”刑事政策成为中国刑事司法机关长期执行的“一种无奈却必然选择下的”刑事司法政策。[①] 但是“严打”斗争的效果并不尽如人意，甚至与决策者和执行者、与人民群众的期盼要求仍有一定的现实差距。而且，无论是从手段方面还是效果方面来看，“严打”也都具有一定的历史

---

① 参见陈兴良、周光权：《刑法学的现代展开》（第2版），中国人民大学出版社2015年版，第349页。

客观局限性。在“严打”背景下，虽然短时间内遏制犯罪增长趋势的效果比较明显，但是在一个较长的时间维度里考察，“严打”斗争也易陷入与严重犯罪的拉锯战，严重犯罪的累犯、再犯率随着时间的拉长，缩减变化就不十分明显，于是又不得不再开始新一轮“严打”斗争。“严打”之所以持续了20年，原因之一可能来自中国传统文化中“治乱世用重典”的思想，但是“乱世”并非“轻典”所致，找到社会问题产生的根本原因，提出切实可行，并且能够对症下药的措施，才能从根本上解决问题。仅将希望寄托于“重典”不仅治不了“乱世”，还可能导致严重浪费司法资源、罪刑失衡、司法不公、错案频频等问题。① 在“严打”斗争中，一方面，“严打”不仅是针对犯罪活动的打击工作，更重要的是在组织上采取公、检、法等有关部门联合办公，采取公审大会、集中宣判、组织犯人游街等方式展现“严打”斗争的成效；另一方面，“严打”集合了司法体系内的大量资源，在综治委或政法委的组织协调下，政法部门成为“严打”斗争的主力军，检察院、法院密切配合，对重大案件提前介入，形成了“快批捕、快起诉、快审判”的工作流程。② 但是如此针对犯罪活动的斗争模式，难以彻底杜绝冤假错案的产生，也给刑事申诉检察工作的开展带来了新的挑战和压力。与此同时，面对刑事政策中对犯罪活动的打击态度，检察机关不可避免地面临着“重配合、轻制约”“疑罪从轻”“命案必破”“限期破案”等刑事案件指导理念，这些传统理念同样制约着刑事申诉检察工作的正常开展。作为“严打”斗争的主力军之一，检察机关在这个阶段难以将工作重心放在对冤假错案的监督纠错之上，在协同办案的理念影响下，对于“兄弟”单位办理的案件进行监督纠正是十分困难的。因此，以上种种原因一定程度上导致了刑事申诉检察工作办案质量下降，监督制约失衡等问题。

2. 现代理念的萌生发展。党的十八大以来，为加快建设社会主义法治国家，中共中央十八届四中全会通过了《中共中央关于全面推进依法治国

① 参见贾宇：《从“严打”到“宽严相济”》，载《国家检察官学院学报》2008年第2期。
② 参见陈洪杰：《运动式治理中的法院功能嬗变（下）》，载《交大法学》2015年第1期。

若干重大问题的决定》，其中明确规定“健全冤假错案有效防范、及时纠正机制”“实行诉访分离，保障当事人依法行使申诉权利”。党的十九大报告中明确指出“深化司法体制综合配套改革，全面落实司法责任制，努力让人民群众在每一个司法案件中感受到公平正义”。党的二十大报告中明确提出“公正司法是维护社会公平正义的最后一道防线……规范司法权力运行，健全公安机关、检察机关、审判机关、司法行政机关各司其职、相互配合、相互制约的体制机制。强化对司法活动的制约监督，促进司法公正。加强检察机关法律监督工作。完善公益诉讼制度”。可以看到，现代刑事司法理念正是在一次次对历史经验的总结中不断向前发展，并日益彰显出中国特色社会主义法治的政治优势和制度优势。

在维护公平正义的最后一道防线中，对于冤假错案的监督纠正工作也成为最后一道防线中的最后一道屏障，因此对于解决执法司法中可能存在的冤假错案问题，2013 年 8 月，中央政法委出台了《关于切实防止冤假错案的指导意见》（以下简称《指导意见》），其中对“证据裁判原则、疑罪从无原则、刑事申诉处理规则”等问题进行了重申性规定。作为《指导意见》的具体措施之一，2013 年 9 月，最高人民检察院也颁布了《关于切实履行检察职能防止和纠正冤假错案的若干意见》，明确提出了检察机关作为法律监督机关要纠正刑事执法司法活动中的突出问题、完善防止和纠正冤假错案的工作机制的要求。2015 年，最高人民检察院制定下发了《关于建立监督纠正重大冤假错案工作机制的通知》。2020 年，最高人民检察院进一步明确对于重大冤案错案的发现处理、审查办理、内部沟通协调以及监督纠正的工作机制，通过上下级统一联动监督机制，切实发挥检察机关在监督纠正重大冤假错案中的职能作用，努力守住社会公平正义的最后一道防线。可以看到自党的十八大以来，一大批冤假错案通过刑事申诉检察工作得到了监督纠正。①

3. 传统理念的现代转型。刑事申诉检察工作的理念转变从本质而言来自刑事政策的转变和影响，这一制度诞生和发展的阶段与我国的“严打”

① 参见李蒙：《最高检察院第一例刑事抗诉的背后》，载《民主与法制》2016 年第 12 期。

时期相重叠，因此本应该在“严打”时期对各种办案乱象进行监督纠错的机制，却同样因为受传统刑事政策理念的影响而难以发挥出其应有的作用。相反，在刑事政策理念发生转变以后，刑事申诉检察制度才真正发挥出其应有的救济功能。

受绝对主义认识论的影响，我国刑事政策、刑事立法和刑事司法，为了追求“除恶务尽”的效果，往往强调不惜一切代价消除犯罪，防止犯罪死灰复燃，在“严打”时期的司法实践中，不乏存在刑法工具主义、刑法万能主义以及重刑主义倾向，这些思想无不存在“为实现打击犯罪”而突破依法治国的危险，同样也让本应发挥监督纠错功能的刑事申诉检察工作受到阻碍，对于“公检法”联合办理的“大案”“要案”“铁案”，即使存在证据和程序上的瑕疵，即使事实认定还有商榷的空间，但是因为这类案件具有较大的社会影响力，在给行为人定罪后，想通过刑事申诉启动再审是难上加难，检察机关的监督纠错职能只能首先服从于当时更为急迫的社会治理需求。

但是对于犯罪的认识会随着时代的发展而产生变化。犯罪产生于“社会有机体”内部运作的种种矛盾，与犯罪的斗争实际上是有机体新陈代谢的一种免疫方式，追求零犯罪率或者接近于零犯罪率的社会不仅会给公民基本权利带来被侵蚀的风险，也会衍生出一个没有活力和生机的社会——牺牲公民的自由和机遇的社会。[①] 因此司法机关需要认识到，依靠刑事法律打击犯罪的方式有其限度和副作用，[②] 虽然这一手段对于国家维护治安、保卫社会能够产生立竿见影的效果，但是它只是社会控制手段中的一种形式，而非唯一手段，也非最佳手段。[③] 正如德国学者李斯特所言“一项确实旨在平稳地改善工人阶级整体状况的社会政策，才是最好和最有效的刑事政策（最好的社会政策就是最好的刑事政策）”，[④] 所以通过刑事手段解

① 参见梁根林：《刑事政策：立场与范畴》，法律出版社2005年版，第7页。

② 参见黄荣坚：《刑罚的极限》，台北，元照出版公司1999年版，“序言”。

③ 参见蔡道通：《刑事政策中的“放小”：借鉴与结论》，载《法学》2002年第1期。

④ 姜瀛、李娜：《“最好的社会政策就是最好的刑事政策”出处及原语考略——兼及李斯特刑法思想研究的反思》，载《法治社会》2020年第4期。

决社会问题虽然有其时代必然性，但是如果能够同样建立起相应的监督纠错保障措施，就能为公民留下一条可以走得通的救济途径。在任何时候，刑事手段都可能存在超过应有的界限的风险，因此必须在制度上设置切实有效的救济手段，从而筑牢最后一道防线。

从20世纪80年代至今，我国的刑事政策从“严打”向“宽严相济”发生转变，传统理念也进行了现代转型。在这样的转变下，刑事申诉检察工作逐渐开始发挥出其应有的功能，大量的冤案错案得到了纠正。在检察机关的法律监督下，法院以“非法证据排除规则”“疑罪从无”原则对诸如于英生杀妻案、[①] 徐辉强奸杀人案、[②] 黄家光故意杀人案[③]等案件进行了纠正，刑事申诉检察已经成为近年来全国依法纠正严重冤假错案的主渠道。[④] 通过这些具有较大社会影响力的案件我们也可以看到刑事申诉检察案件的特点：

（1）这一类“大案”“要案”往往发生在严打时期，在“命案必破”“限期破案”等传统刑事司法理念的影响下，对案件的处理往往存在一些在当时的办案人员看来“无关紧要”的瑕疵，但是法律的真相往往就藏在这些细节之中，被忽视的东西往往就成为被告人无罪的关键性证据。

（2）这一类刑事申诉检察成功案例基本发生在2004年中央政法工作会议明确提出实行“宽严相济的刑事政策”之后。从“严打”到“宽严相济”刑事政策的转变，不仅对刑事立法和刑事司法产生了重要的意义，[⑤] 而且对刑事申诉检察工作也同样具有重要的影响，检察机关的法律监督职能在新时代下挣脱了传统理念的束缚，努力实现维护社会公平正义的实际

---

① 于英生申诉案（检例第25号），载最高人民检察院官网，“最高人民检察院公布第七批指导性案例”，https：//www. spp. gov. cn/spp/tt/201606/t20160607_ 119524. shtml。

② 最高检历时七年督办广东徐辉申诉案，再审改判无罪，载最高人民检察院官网，“2014年度十大法律监督案例”，https：//www. spp. gov. cn/zdgz/201501/t20150126_ 88947. shtml。

③ 黄家光申诉案（精品案件之四），载最高人民检察院官网，“全国检察机关刑事申诉检察精品案件”，https：//www. spp. gov. cn/spp/zdgz/201511/t20151108_ 107050. shtml。

④ 参见王祺国：《论刑事申诉制度的诉讼化改造——以检察机关办理刑事申诉案件为切入点》，载《法治研究》2018年第2期。

⑤ 参见高铭暄：《刑法体现宽严相济刑事政策》，载《人民日报》2015年8月28日，第7版。

成效。

但不可否认的是，刑事政策具有灵活性与效率性的优势，能够及时应对社会的高速发展，但是过于灵活和追求效率同样可能产生僭越立法和司法的风险。刑事政策的基础在于国家政策变化与发展以及社会生活环境的现实条件，刑事政策的理念具有时代性的特征，会与不同阶段的整体刑事任务相匹配。在“严打”刑事政策时期，面对我国当时的社会环境，以高压态势与犯罪作斗争的方式并非不是一剂有效的猛药，能够为解决当时的社会问题提供即时的帮助。但是随着时代的发展，如果一贯采用同一理念处理不同时期的问题，反而会影响和制约社会的正常发展，因此需要根据不同的社会条件，让传统的刑事理念适应并调整为现代的刑事理念。

从传统理念到现代理念的转变需要过程，并且这个过程也并不容易，可以看到很多传统理念在如今仍然存在于司法实务中，核心的问题是公正和效率怎样实现一种动态平衡。比如，在刑事侦查案件中，要求侦查机关“限期破案”体现的是在公正和效率之间“先保证效率，再保证公平”的取向，但是这一理念并不完全适合现阶段的刑事申诉案件，因刑事申诉案件本身的目的取向是实现公正，因此需要在保证公正的前提下兼顾效率。综上所述，传统理念的现代转型，并非要完全否认传统理念的合理性和必要性，而是提倡理念的转变和发展应当结合我国国情和社会的实际发展阶段。

（二）秩序规范难

即使传统理念的现代转型已有成效，但是从实然层面来看，检察机关办理刑事申诉案件在立法和司法中仍然存在诸多需要改进之处，主要原因是来自应然层面的秩序规范的定位不明，因此仅依靠传统观念的转变还不足以更好地推动刑事申诉检察制度的完善与发展。

1. 刑事申诉的立法现状。立法层面，素有“小宪法”之称的《刑事诉讼法》已经历经三次修正，在这三次修正的过程中，对刑事申诉部分的修正少之又少，因此需要从刑事申诉制度的立法变迁与发展入手进一步分析刑事申诉检察制度的历史沿革。下面将从三个角度入手进行分析：第一，就被害人的角度而言，1979年《刑事诉讼法》对于被害人不服检察机关的不起诉决定，只有向检察机关申诉这一种救济方式，并且没有明确规定向哪一级检察机关提出申诉，但是自1996年《刑事诉讼法》修正后，被害人的救济途径有明显的扩大，并且明确了上级检察机关负责申诉的相关部门对于下级检察机关的不起诉决定具有刑事申诉检察的监督纠正职责；第二，就被不起诉人的角度而言，在1979年《刑事诉讼法》中，明确区分法定不起诉和酌定不起诉的类型，但是法定不起诉的被告人不具有申诉权，只有酌定不起诉中免予起诉的当事人才具有向检察机关进行刑事申诉的权利，在后来的数次修正中，这一部分除了表述上有所修改外，在其他方面并没有做出实质上的改变；第三，就刑事生效裁判的角度而言，1979年《刑事诉讼法》将被害人与其他公民也作为提出刑事申诉的主体，但是从1996年《刑事诉讼法》修正开始，限缩了对刑事生效裁判提出申诉的主体范围，缩小为当事人及其法定代理人、近亲属。

虽然《刑事诉讼法》中规定了检察机关作为法律监督机关，也规定了对司法机关生效决定、裁判的申诉可以向人民检察院提出，但是在人民检察院的法律监督职能和刑事申诉工作的衔接上并没有做出具体的安排，因此检察机关对刑事申诉案件虽然具有检察监督的权力，但是如何更好地行使这样的权力，并无法直接从《刑事诉讼法》的立法规定中找到可行方案。因此，最高人民检察院以《刑事诉讼法》为根据制定了一系列的相关规定。

2. 刑事申诉检察的司法现状。司法层面，1986年《人民检察院控告申诉检察工作细则（试行）》的公布施行，标志着我国刑事申诉检察工作走上了制度化、专业化的轨道。随后，最高人民检察院为加强检察机关法律监督职能，规范刑事申诉案件的复查程序，于1993年公布施行了《人民检察院复查刑事申诉案件规定》（已失效），此文件历经1998年、2014年两次修改，在2020年修改为《刑申规定》，在总则、管辖、受理、审查、复查等方面作出了较为详细的规定，同时增加了再审检察建议这一刑事申诉案件监督纠错方式。除此之外，最高人民检察院针对刑事申诉案件还颁布了诸如《最高人民检察院关于加强和改进刑事申诉检察工作的意见》《最高人民检察院关于不服免予起诉决定的申诉案件复查问题的答复》《人民检察院受理控告申诉依法导入法律程序实施办法》等一系列关于刑事申诉检察工作的司法解释性文件。这些文件的颁布施行，极大地提高了刑事申诉检察工作的实际可操作性，同时也对刑事申诉检察工作维护公平正义、有效保障人权和促进社会和谐稳定，提出了新的任务和更高的要求。

虽然最新出台的《刑申规定》从释法说理、化解社会矛盾、落实检察机关内设机构改革、贯彻群众来信回复要求、提高办案效率等方面，在文件名称、总则规定、管辖规定、受理规定、审查规定、复查规定以及其他规定中分别作出了一定的修改，[①] 为司法实践中检察机关办理刑事申诉案件提供指导和依据。《刑申规定》中对于刑事申诉案件的检察监督方法采取了抗诉和再审检察建议两种方式，但是《最高人民法院关于适用〈中华人民共和国刑事诉讼法〉的解释》第十九章的审判监督程序中，只规定了人民法院针对人民检察院依照审判监督程序提出抗诉该如何处理的相关要求，对于再审检察建议的法律监督方式却没有相应的配套衔接安排，因此在刑事申诉案件中，人民检察院的法律监督方式和人民法院的内部工作机制尚未达到很好的衔接，导致这一检察监督方式缺乏一定的刚性。[②] 在司法实践中《刑申规定》并非“两高”联合颁布施行，因此《刑申规定》中的诸多内容归根结底仍是针对检察机关内部的工作机制提出的更为细致的要求，能否产生对人民法院的约束力，实现检察机关法律监督的职能，仍是一个值得研究的问题。

综上所述，在立法层面，刑事申诉只是法院、检察院发现错误裁判启动再审程序的材料来源，刑事申诉检察工作除了提起抗诉外并没有其他的刚性监督纠错手段。在司法层面，虽然有一系列的司法解释性质的文件，

---

① 参见徐向春、杜亚起、刘小青：《〈人民检察院办理刑事申诉案件规定〉理解与适用》，载《人民检察》2020 年第 22 期。

② 民事诉讼中的再审检察建议已经具备一定的刚性，根据《最高人民法院关于适用〈中华人民共和国民事诉讼法〉的解释》十八、审判监督程序中第 411 条、第 413 条、第 414 条规定如果符合相应的情况人民法院应当予以受理，然后再进行审查。

但是基于我国检察机关和审判机关所具有的不同分工和职能，刑事申诉检察制度尚未很好地与审判机关的工作相衔接。此外，基于中国传统社会的“青天意识”“告御状”等旧观念，申诉人不仅会同时向审判和检察机关进行申诉，甚至会同步以信访的形式通过党委、政府、人大、政协等提出申诉，造成“多头申诉”“重复申诉”等现象屡禁不绝。

（三）审查办理难

虽然法律赋予检察机关法律监督的职能，也通过众多司法解释性质文件对检察机关办理刑事申诉案件提供了指导和依据，但是司法实践中检察机关在审查办理刑事申诉案件时，仍会遇到以下几个方面的难题。

1. 刑事申诉检察的实体性难题。根据《刑事诉讼法》的规定，人民法院启动再审的主要依据刑事申诉案件一般而言时间跨度大，案件较为复杂。因此在检察机关受理、审查、复查的过程中会遇到很多时间久远的历史遗留问题，比如：第一，案件事实难以查清。刑事申诉的案件时间跨度较长，很多案件隐蔽性强，犯罪链条长，侦查机关通过上下游犯罪进行侦查时可能就已经过去了数年之久，如果遇到案件较为复杂的情况，在后面提起公诉以及审判的过程中也需要经过漫长的时间，对于已经生效的刑事判决和裁定，想要重新进行调查，会面临案件事实难以查清的窘境。第二，政策导向、法律依据变化过大。在政策导向方面，从中华人民共和国成立到“文革”结束前，我国的刑事政策体现为“敌人刑法”的基本立场，其产生和发展具有时代的必然性和正当性，但是将“敌人”和“人民”二分的方法也具有一定的缺陷，主要问题就在于容易导致法律问题意识形态化，[①] 而且在对犯罪人定罪量刑时容易受到政策的影响，而政策在不同的时期可能会有很大的变化，即使在《刑法》颁布施行后，在一定时期内刑事司法对犯罪行为的定罪量刑也容易受到政策的影响。在刑事申诉检察工作中，检察机关不仅要查清生效裁判作出时是在怎样的刑事政策下

---

① 参见蔡道通：《建国初期的“敌人刑法”及其超越——兼评雅科布斯的“敌人刑法”》，载《刑事法评论》2011 年第 1 期。

对犯罪行为进行了评价，还要考虑政策的时代性转变。在法律依据方面，1979 年我国第一部《刑法》颁布以前，惩治犯罪主要依据的是各种单行刑法，在 1979 年《刑法》颁布以后，《刑法》中还存在类推制度、犯罪口袋化、构成要件不具有明确性等问题，在 1997 年《刑法》颁布实施后，才正式废除了类推制度，限缩了部分犯罪的打击范围，删除了“流氓罪”“投机倒把罪”等口袋罪，1997 年《刑法》颁布实施至今，也经历了 11 次的修正，同时还有很多配套的刑事司法解释。因此，在面对同一犯罪问题的时候，不同时期的司法裁判人员可能会根据不同的法律条文从而得出不同的结论，当刑事申诉人提出申诉时，政策的变迁、法律的修改会造成检察人员对政策和法律依据把握较为困难的问题。第三，案卷的调取与证据的保存。对于刑事申诉案件，还要面临的另一个比较棘手的问题就是案卷的调取和证据的重新审查，一般而言对于检察机关调取的刑事申诉的案件，侦查内卷中往往可能存在无罪或者罪轻的证据，[①] 但是这一部分一般不会移送检察机关。[②] 在刑事申诉的案件中检察机关也只有在必要时，经协商才可以对这一部分的内容进行调取，[③] 因此刑事申诉检察中存在调取案卷难的问题。在证据的保存上，刑事申诉案件的时间跨度大，因此在审查和复查的过程中，许多证据会因为客观情况的改变而难以或无法保存，检察机关在刑事申诉的案件中需要对相关证据进行重新的侦查、审查，证据的保存问题也会给刑事申诉检察工作带来一定的阻碍。

2. 多头管辖与多方申诉。根据《刑事诉讼法》的规定，不服生效裁判的当事人及其法定代理人、近亲属既可以向人民法院提出刑事申诉，也可以向人民检察院提出刑事申诉，但是在立法层面并没有对两家法定的刑事申诉管辖部门在刑事申诉工作上的具体分工作出要求，“两高”也未就刑事申诉联合出台相关规范性文件。因此刑事申诉工作中往往可能发生互相

---

① 参见于英生申诉案，最高人民检察院第七批指导性案例 25 号（2016 年）。

② 《公安机关办理故意伤害案件规定》第 42 条第 1 款规定：“犯罪嫌疑人被追究刑事责任的，侦查卷（正卷）移送检察机关，侦查工作卷（副卷）由公安机关保存。”

③ 吉林省公安厅《关于印发〈提高命案办案质量的指导意见〉的通知》第 9 条规定：“建立全面移送证据制度。公安机关依法收集的与案件有关的材料，均应全部移送检察机关。对于没有必要装入诉讼卷宗的材料，应装入侦查副卷。必要时，经协商，检察机关可以调阅。”

推诿“踢皮球”的现象，特别是一些社会影响力较大、较为敏感的案件，检察院和法院的办案人员在对方也可以办理刑事申诉案件的情况下，都很难主动地接受刑事申诉的审查工作，可能会等另一方的刑事申诉受理机关得出一定的结论后再决定本机关是否受理。除此之外，地方政法委和人大等单位也会受理相关的申诉案件并推动刑事申诉案件的审查和复查工作，①在这样的情况下，刑事申诉的管辖便形成“多龙治水”的局面。

就刑事申诉人的角度而言，申诉人不服法院的判决、裁定，可以向任何一级法院或者检察院提出申诉，可以从基层检察院申诉至最高人民检察院，甚至有的申诉人会认为自己申诉的机关越高越好，产生对申诉案件“不告到最高人民检察院不算完”的心态，从而造成了越级申诉、重复申诉以及滥用申诉的情况，② 也导致刑事申诉案件的管辖在司法实践中呈现倒金字塔的结构——基层检察机关受理的案件很少，省级检察机关和最高人民检察院受理申诉的压力反而很大。除此以外，申诉人对原审法院具有的不信任感会波及检察机关，在申诉人看来，二者同属于司法机关，又都是同级，可能认为自己的申诉案件会在两个机构中达成某种“协议”，因此面对经过申诉审查、复查后驳回的决定，申诉人服从的很少，继续信访申诉的很多，在一定程度上浪费了司法资源，难以实现法律效果和社会效果。③ 在司法机关外部，申诉人认为司法不公，在未实现其诉求的情况下还可能会向政法委、人大等机关进行信访，在政法委、人大等机关受理申诉人的案件后，再向相应的司法机关进行转交时，也会针对案件提出一些具体的要求，对于检察机关相对而言信访比申诉更令司法机关难以招架。④

刑事申诉为申诉人提供了多种救济渠道，在司法手段外申诉人还可以通过信访的方式解决自己遇到的不公，在制度安排上，看似是为申诉人提供了更多救济的可能，保障了申诉人的申诉权，但是如果没有更加细致的

---

① 参见何家弘、刘译矾：《刑事错案申诉再审制度实证研究》，载《国家检察官学院学报》2015 年第 6 期。

② 参见陈卫东：《刑事申诉制度改革研究》，载《法学家》1999 年第 4 期。

③ 参见赵霞：《刑事申诉制度改革研究》，法律出版社 2020 年版，第 49 ~ 50 页。

④ 参见张建伟：《刑事申诉的重新定位及其诉讼化难题》，载《吉林大学社会科学学报》2020 年第 4 期。

制度安排，刑事申诉管辖机关的职责分工不明，反而会导致难以在实质上解决刑事申诉的问题，申诉人的申诉权也无法落到实处。

（四）监督纠正难

1. 检察监督程序冗余。在时间上，根据《刑申规定》中的要求，一个需要进行监督纠正的刑事申诉案件，在检察机关内部首先需要经过3个月的控申审查，再进行3个月的刑检审查，如果作出进行复查的决定，仍需要经过3个月的复查时间，3个月内无法办结的，还可以延长3个月的时间，因此在检察机关内部，一个刑事申诉案件一般要经过9个月的时间，如果遇到重大、疑难、复杂的案件，检察机关审查、复查的时间还可能延长，因此最长可能会超过一年甚至更长的时间。经过检察机关的内部审查和复查，如果认为已经生效的刑事判决、裁定确有错误的，可以采取抗诉或者向人民法院提出再审检察建议的方式实现法律监督的职能。但是对于人民法院未采纳再审检察建议的情况，还是需要提请上一级人民检察院进行抗诉，上级人民检察院审查提请抗诉的案件，在3个月内作出决定。在刑事申诉检察工作内部想要对一个案件提请抗诉，不仅要经过承办人，还要经过检察官联席会议、检察长、检委会，以及上级检察机关的讨论，因此一个刑事申诉案件，要想启动再审程序就需要经过受理、审查、复查、再审检察建议、抗诉等阶段，而这些阶段的审限的累积会给刑事申诉人带来十分繁重的诉累，同时也会降低刑事申诉检察工作的效率。

在刑事申诉检察工作中，对案件的审查和复查工作是必不可少的环节，经过了审查和复查的工作，检察机关确定已经发现法律效力的刑事判决、裁定确有错误的，虽然可以向人民法院发出再审检察建议，但人民法院并非必然要根据再审检察建议启动再审。因此刑事申诉检察工作中的再审检察建议并不具有足够的监督刚性，想要对刑事申诉案件进行监督纠错还需要办理刑事申诉的检察机关向上级检察机关提请抗诉。可以看到在当下的制度设计中，检察机关对刑事申诉案件的法律监督仍只有抗诉一种方法。

2. 检察监督刚性不足。根据《刑事诉讼法》的规定，在诉讼过程中，检察机关对于审判机关审理案件时违反诉讼程序的，有权向审判机关提出纠正意见，但是在诉讼程序结束后，对于生效裁判，检察机关监督纠错的方式就只有提出抗诉一种。虽然在《刑申规定》中明确规定，检察机关的监督纠正措施不仅限于抗诉这一种方式，还可以在检察长决定后，向同级人民法院提出再审检察建议，但是再审检察建议如果遇到不采纳的情况，还是需要提请上一级人民检察院进行抗诉。在刑事申诉检察实践中，因再审检察建议与法律规定不一致，因此在法律没有明确规定的情况下，人民法院对再审检察建议的认可度也截然不同，甚至也有观点认为《刑申规定》是检察机关办理刑事申诉案件的指导要求，与人民法院的相关工作存在一定的界限，仅在《刑申规定》中要求检察机关在监督纠错的过程中使用再审检察建议的方式，会导致法院拒绝采纳，或不及时办理，或置之不理。因此《刑申规定》中检察机关不宜对刑事案件再审检察建议自行作出规定。① 而且，再审检察建议和抗诉两种监督手段的适用界限并不清晰，缺乏对再审检察建议的适用范围和适用程序的具体规定，导致再审检察建议的实际操作比较困难，实践中办案人员往往无所适从。②

通过刑事申诉检察工作谋求再审，具有一定的难度和或然性。“事实上，让审判机关承认自己的判决错误是较为困难的，它们讨厌承认这个事实，特别是已经生效的案件无论是经过了一审裁判，还是二审终裁，都具有了司法权威性，因此这就很难使一个案子得到复查。”③ 因为在对一个案件进行监督纠正后，还可能要对当时的办案人员进行追责，在司法实践中，绩效考核、职级晋升和错案责任追究制度、国家赔偿制度都有所牵连，因此造成冤案、错案的司法工作人员不仅很难承认错判，还可能对检察机关的监督纠错造成阻碍。

在面对国家权力机关时，不能仅将希望寄托于当事人证明对他的判决

---

① 参见王祺国：《论刑事申诉制度的诉讼化改造——以检察机关办理刑事申诉案件为切入点》，载《法治研究》2018 年第 2 期。

② 参见孙谦、陈国庆、万春、张建伟主编：《刑事检察业务总论》，中国检察出版社 2022 年版，第 472 页。

③ [法] 勒内·佛洛里奥：《错案》，赵淑美、张洪竹译，法律出版社 2013 年版，第 4 ~ 5 页。

是错误的，在维护当事人的合法权益，保障社会公平正义的要求下，需要存在一个能够对已经生效的裁判进行监督救济的机构实现公平正义“最后一公里”的保障。但是司法实践中由于检察监督的刚性不足，法检机关对相同案件的认识不一，审判机关可能面临监督纠正后的内部追责问题等原因，导致大量“申诉难”“启动再审难”“纠正错案难”的问题存在于刑事申诉检察的司法实践工作之中。

（五）释法说理难

释法说理工作不仅体现着检察机关的群众工作能力，还展现了检察机关整体办案水平和工作素质能力。好的释法说理工作对于息诉罢访有着重要的影响作用。2013 年最高人民检察院发布的《关于加强和改进刑事申诉检察工作的意见》明确要求通过加大释法说理力度尽力做好善后息诉工作。无论是纠正或者维持原处理决定、抗诉或者不抗诉、赔偿或者不赔偿，都要针对申诉请求和理由，从事实认定、证据采信、法律适用等方面，理性、平和、文明、规范地进行回应。但是在实践中，释法说理工作面临着检察工作人员说理不充分，当事人诉求难以在法律层面解决的问题。

1. 文书说理性不强。在司法实践中，检察机关控告申诉部门的职能重点在于控告举报和信访矛盾的化解上，刑事申诉检察工作存在被边缘化，工作人员总体配备不足的问题。因此在刑事申诉案件中较为容易忽视文书说理工作，负责刑事申诉检察工作的办案人员对于案件申诉人的主张经审查认为不成立时，在制作相关决定文书时仅仅直接作出不予支持的决定，缺乏针对刑事申诉理由及诉求所进行的说理，对于大多数不会改变原司法机关处理决定的案件，草草结案、文书书面说理流于形式的问题也不少见。[①] 在文书说理方面，主要存在以下几个问题：第一，文书中没有法律依据或依据错误；第二，说理不清，前后矛盾或者不说理，在复查文书

① 参见李继华、甄卓、邢永杰、崔可成：《刑事申诉案件办理机制改革探索》，载《西南石油大学学报（社会科学版）》2022 年第 5 期。

中，存在直接使用原承办部门制作文书的情况，在文书中缺乏具体的理由和论证分析，只有结论；第三，证据列举不全面，刻意回避矛盾证据和反向证据。[①] 而这些问题都直接关乎案件审查结果能否实现善后息诉罢访的作用。如果缺少以上的关键信息，申诉人难以真正接受审查结果，从而转向更高级别的检察机关继续申诉，或者寻求信访的途径。

2. 申诉人诉求与法律标准相分离。在一些案件中，即使做到了细致的文书说理，以及办案人实际向申诉人进行了释法明理的工作，但是只要审查、复查结果与申诉人的诉求不一致，申诉人就还是会层层申诉和信访，主要原因是申诉人的诉求与法律标准相分离，因此很难从法律层面实现申诉人的诉求，从而导致申诉和信访不断的问题。因为在刑事申诉案件中，申诉人不仅会要求检察机关监督纠正生效裁判中的法律问题，还会希望检察机关一并解决经济补偿、社会评价、精神需求等问题。作为申诉人的一方，虽然案件已经经过了两审终审，也经过了刑事申诉检察的审查和复查，在法律层面可能已经解开了刑事申诉案件的第一颗“法律的扣子”，但是后面的非法律问题的“扣子”往往难以通过检察机关的刑事申诉检察工作去解决。因此无论检察机关作出怎样的决定，只要未与申诉人的诉求一致，那么无论进行怎样的释法说理工作，申诉人还是会以申诉为手段实现自己的目的。

3. 被害人一方难以接受申诉改判的结果。在刑事诉讼中，存在两种不同的法律关系，一种是被告人与被害人之间的法律关系，另一种是被告人与公诉机关之间的法律关系。一般而言，在刑事案件中，刑事部分的判决是在代表国家和公共利益的公诉机关与被告人及其辩护人之间进行的，此时被害人一方在刑事诉讼部分能够发挥的作用极其有限。但是对于一个刑事案件的生效裁判，被害人一方也会有着纯粹的正义性诉求和隐晦的经济诉求，[②] 因此被害人一方也会针对生效裁判本身或者针对再审改判的结果

---

① 参见高锋志、李涵：《刑事申诉复查决定书制作及公开情况实证考察》，载《人民检察》2017年第6期。

② 参见闫晓东、杨鹏飞：《被害方申诉案件特点与息诉机制构建》，载《人民检察》2010年第17期。

提出刑事申诉。从被害人方正义性诉求的角度而言，检察机关往往面临着在解决了被告人一方的申诉问题之后，随即就接到了来自被害人一方的刑事申诉。比如在刑事申诉案件中，检察机关通过审查和复查决定对原案件提起抗诉，最终审判机关也通过再审程序对被告人进行了改判，但是从正义性需求的角度出发被害人一方很难接受这样的结果，对他们而言真凶并没有落网，并且早已将被告人视为了真凶，即使司法程序坚守了疑罪从无的原则，但还是很难向被害人一方进行释法说理。从被害人一方经济性诉求的角度而言，被害人一方往往不仅要求被告人履行刑事附带民事判决中的民事部分的判决，还会向检察机关提出更多案外的经济性诉求，比如获得国家税收政策、安置政策、扶贫政策上的优惠，这些很难通过司法途径解决但关乎被害人利益的问题，也同样很难对被害人一方进行释法说理。

刑事申诉中的“五难”既在一定程度上揭示出“申诉难”“滥申诉”“息诉难”的根由，也折射出刑事申诉工作亟须破解的监督体系不完善、刚性不足等现实难题。

二、刑事申诉检察的多元监督纠错机制构建

2021 年 8 月，中共中央印发了《关于加强新时代检察机关法律监督工作的意见》，指出“人民检察院是国家的法律监督机关，是保障国家法律统一正确实施的司法机关，是保护国家利益和社会公共利益的重要力量，是国家监督体系的重要组成部分，在推进全面依法治国、建设社会主义法治国家中发挥着重要作用”，要求“从源头上防范冤假错案发生”“秉持客观公正立场，强化证据审查，严格落实非法证据排除规则，坚持疑罪从无”“综合运用抗诉、纠正意见、检察建议等监督手段，及时纠正定罪量刑明显不当、审判程序严重违法等问题”。新时代、新要求，检察机关进一步强化法律监督职能，充分发挥刑事申诉检察纠正错误、维护正确，保护合法权益、促进司法公正、维护和谐稳定的作用，客观上要求以提升监督刚性为目标，构建以抗诉为核心、以再审检察建议为补充、以公开审查为基本模式、以反向检视和检察侦查为责任追究保障的多元监督纠错机制。

（一）刑事申诉的抗诉

刑事抗诉是指刑事审判机关作出判决或裁定后，检察机关经审查发现裁判确有错误，根据法律规定提出抗诉理由，要求审判机关依照法定程序对该案件重新审理的一项法律制度。根据《刑事诉讼法》第228条和第254条第3款，刑事抗诉包括检察机关的二审抗诉权和再审抗诉权。本书的分析对象为后者，即最高人民检察院对各级人民法院或上级人民检察院对下级人民法院已经发生法律效力的判决和裁定，如果发现确有错误，有权按照审判监督程序向同级人民法院提出抗诉。作为一项法律明文规定的救济性制度，其适用仅限于已产生法律效力且发现确有错误的判决和裁定，再审抗诉也是现行法律对刑事申诉检察规定的、唯一的刚性监督形式。

1. 刑事抗诉的法律属性。对已经发生法律效力的刑事裁判进行再审，多数国家采取一种较为慎重的立法模式，将“申请再审权”定义为标准意义上的“诉权”并严格限制对生效裁判“再审权”的行使。[①] 英美法国家采纳禁止双重危险原则，主张严格限定刑事申诉的审查受理条件，通过限制检察官的上诉权使被告人避免因同一罪行受到两次审判、科刑。如在美国，检察官无权对法院作出的无罪判决提出上诉。在大陆法系国家，生效判决的救济规定虽差异较大，但依然体现了较为审慎的立法姿态。如《法国刑事诉讼法典》为了维护法院生效裁判的权威，规定检察官无权针对生效裁判提出异议，只有司法部部长可以为了被判刑人的利益申请再审。[②]《德国刑事诉讼法典》则是在第359条、第362条分别就有利于被告人的再审和不利于被告人的再审作了不同的规定。在日本，提起再审的范围仅限于已经被判决有罪的被告人，且只允许检察院为了保护被告人利益而提

① 参见殷耀刚、李君：《以审判为中心诉讼制度改革背景下刑事再审抗诉制度之完善》，载《中国检察官》2021年第1期。

② 参见［法］贝尔纳·布洛克：《法国刑事诉讼法》，罗结珍译，中国政法大学出版社2009年版，第623条。

起再审。[①]

同多数国家一样，我国不少学者就刑事再审抗诉权的法律属性进行判断，做出了“诉权”范畴的认定。有观点认为，刑事再审抗诉权作为诉权的实质延伸依然属于诉权的范畴，盖因刑事再审抗诉权只有程序启动的效力，不具有否定生效裁判的实体效力，检方作为控诉方享有与辩护方相同的诉权。[②] 还有学者持检察权“一元论”观点，认为刑事再审抗诉是人民检察院的法定职权，统属于审判监督权。[③] 也有观点认为，刑事再审抗诉权兼具法律监督权和诉权的双重属性。[④]

在我国，刑事再审抗诉权作为从属于检察权的一项重要权能，其法律属性应当结合我国的特色国情进行具体认定，仅认为是单一的“诉权”或“监督权”都失之偏颇。实质上，再审抗诉权在中国特色的检察体制下天然具有双重属性，在保持法律监督第一属性的同时具备诉权属性。我国刑事再审抗诉制度秉持着“实事求是、有错必纠、不枉不纵”的监督纠错诉讼理念，目的就是及时有效地发现并纠正错案以维护司法正义与权威。

2. 刑事再审抗诉制度。我国的刑事再审抗诉制度集中体现在《刑事诉讼法》、最高人民法院关于适用《刑事诉讼法》的解释（2021 修正）以及《人民检察院刑事诉讼规则》中，是一种纯粹的程序工具主义的价值取向，对抗诉的时间和次数没有作限制，亦未区分是否有利于被告人。

（1）再审抗诉的法定事由。刑事再审抗诉的法定事由即检察机关对已经生效的裁判启动抗诉程序的必备条件。我国刑事再审抗诉的法定事由规定在《刑事诉讼法》第 254 条第 3 款中，即“已经发生法律效力的判决和裁定……确有错误”。为了避免检察机关因“确有错误”的表述过于宽泛而引起滥用，《人民检察院刑事诉讼规则》第 591 条将应当抗诉的情形进

① 参见［日］松尾浩也：《日本刑事诉讼法》（下卷），张凌译，金光地校，中国人民大学出版社 2005 年版，第 405 条。

② 参见刘计划：《检察机关刑事审判监督职能解构》，载《中国法学》2012 年第 5 期。

③ 参见敬大力：《检察机关法律监督的理论和实践问题》，载《人民检察·首都版》2019 年第 8 期。

④ 参见孙谦主编：《检察理论研究综述（2009—2023）》，中国检察出版社 2023 年版，第一部分“检察基础理论研究综述”。

行了细化，包括定罪量刑的证据（不确实不充分、应当依法予以排除、主要证据之间存在矛盾）、新证据（证明原认定事实确有错误且足以影响定罪量刑）、案件事实（变更或被撤销）、程序问题（违反追诉时效或足以影响公正审判）、法律适用以及量刑（罪名错误影响量刑、量刑明显不当）以及审判人员在审理案件过程中有贪污受贿，徇私舞弊，枉法裁判行为共10种情形。

（2）再审抗诉程序及终结。刑事再审抗诉一般从案件审查到法院重新审理历经周期较长。首先，人民检察院认为已经发生法律效力的裁判可能有错误的，要对案件进行审查，审查认为符合法定抗诉情形的由承办检察官提出抗诉意见，由检察长决定。① 承办检察官应当制作刑事抗诉书，向同级人民法院提出抗诉。②

人民法院在收到抗诉书后，应当在一个月内立案。③ 人民法院受理后应当组成合议庭审理，并针对原审事实不清、证据不足、有新的证据证明原判可能有错误需指令下级人民法院再审的，应当在立案一个月以内作出决定，并将指令再审决定书送达抗诉人民检察院。④ 人民法院审理后，合议庭应当提请院长决定提交审判委员会决定然后及时作出判决。⑤

抗诉程序的终结有两种情形，一是人民检察院撤回抗诉，抗诉程序终止；二是人民法院重新审理案件之后对抗诉理由做出了明确回应，此时抗诉程序亦终止。法院启动再审程序对案件重新审理，根据不同的情形对应不同的处理结果，即维持原判、改判、发回重审。⑥

（3）再审抗诉的实施效果。最高人民检察院2023年3月7日发布的工作报告内容显示，自2018年以来，最高人民检察院对认为确有错误的刑事裁判提出抗诉4.1万件，较前5年上升18.9%；法院已审结3.2万件，其中改判、发回重审2.2万件，改变率68.8%，刑事再审抗诉制度在案件裁

① 《人民检察院刑事诉讼规则》第585条。
② 《人民检察院办理刑事申诉案件规定》第48条。
③ 《最高人民法院关于适用〈中华人民共和国刑事诉讼法〉的解释》第462条。
④ 《最高人民法院关于适用〈中华人民共和国刑事诉讼法〉的解释》第463条。
⑤ 《最高人民法院关于适用〈中华人民共和国刑事诉讼法〉的解释》第216条。
⑥ 《最高人民法院关于适用〈中华人民共和国刑事诉讼法〉的解释》第472条。

判的纠错中发挥着明显的作用。

此外，检察院也对过往几年的刑事案件进行倒追倒查，就10件原判10年以上的重大冤错案提出抗诉或再审检察建议，法院均改判无罪。包括河南谭某义案，谭某义因一起灭门惨案被判处死缓，羁押了29年，经最高人民检察院抗诉最终被改判无罪。又如辛某案中，最高人民检察院受理被害人家属的申诉后对案件进行复查，依法提出抗诉，法院经审理纠正二审无罪判决，以故意杀人罪改判辛某死缓。2018年以来，最高人民检察院共组织排查最终再审改判325件刑事错案，同时本着“纠错不能止于国家赔偿、追责必须落到责任主体”的严肃态度，对551名相关检察人员追责问责。

3. 刑事再审抗诉制度存在的问题及对策。随着司法改革和以审判为中心的诉讼制度改革的持续深入，刑事再审抗诉工作作为检察机关履行刑事审判监督职能的一项重要方式，站在新的历史方位、面临新的问题和挑战，也需要新的认识和对策。

（1）再审抗诉存在的问题。第一，抗诉比率较低。实践中，提出刑事申诉的案件数量和经审查复查提出再审的案件数量，依然相差悬殊。2016年，学者庄明源通过对某市检察院2010—2014年抗诉案件的实证分析指出，在刑事抗诉中存在检察机关抗诉案件数量偏低、抗诉持续性较低、无法形成抗诉合力等问题。[①] 根据2023年最高人民检察院发布的2022年全国检察机关办案数据，我国检察机关共抗诉案件6800余件，法院采纳抗诉意见改判和发回重审3900余件，约占审结总数的57.3%。由此可见，我国目前生效判决的错误率依然不低。出于纠错的目的，从概率上讲，人民检察院决定起诉的案件增多时，生效的裁判数量会增多，人民检察院提起再审抗诉的案件数量也应当相应增加。根据国家统计局发布的年鉴数据，在2019年刑事起诉案件为1,275,233件，抗诉案件为8302件，前者则为后者的153倍；而在2021年刑事起诉案件合计1,748,962件，抗诉案件合

① 参见庄明源：《审判中心主义视域下的刑事抗诉工作——以J市检察机关2010—2014年的抗诉案件为例》，载《中国检察官》2016年第2期。

计8850件，前者数量是后者的197倍。可见我国目前抗诉率依然较低，可能一方面有检法分歧的客观原因，也可能是部分检察人员监督意识弱化的结果，总之，抗诉率这一数据依然处于低位。

第二，人权保障不足。我国目前再审抗诉制度更侧重于保护法益而非人权保障。随着对过往案件的倒追倒查，冤假错案的平反纠错，我国刑事再审抗诉制度应当逐渐从程序工具主义价值取向向人权保障进行让渡以适应新时代下法治建设的要求以及人权理念的发展。一味地强调纠错功能，不仅会导致办案人员重视实体问题，忽视程序问题以及被告人合法权益的考量，也会在一定程度上损及生效裁判的既判力。我国目前的刑事再审抗诉制度以实体公正为导向，受理抗诉的人民法院必须启动审判监督程序重新审理，一定程度上导致了已经生效的判决处于不确定和会被推翻的状态，有损司法机关的公信力，因此迫切需要在实体公正和裁判的既判力之间实现平衡。

第三，内部衔接不足。在我国的司法实践中，“有错应抗”的理念使得有些检察官对生效判决的权威性不够尊重，尤其对于一些轻罪案件，或多或少地存在“一抗了之”的情况。① 此种抗诉理念下，极易出现把握不准的案件以及对抗点把握不足的情况，进而导致再审结果和抗诉理由并不完全一致。

这种情况在一定程度上也体现出抗诉检察官案件意识薄弱以及上下级检察院有效沟通不足的问题。对于一些案件，尤其是案情复杂、案卷繁多的案件，上下级检察院没有充分发挥“检察一体化”的制度优势，抗诉检察院对事实认定、法律适用中的抗点把握不足，上级检察院更丰富的经验没有得到充分的发挥。上下级检察院没有充分的沟通，没有形成最大的抗诉合力，抗诉实效也没得到充分保证。

（2）再审抗诉制度的完善建议。要实现这种平衡需要从再审抗诉的法定事由开始就进行明确化规定并采取适当限制。在以审判为中心的诉讼制

---

① 参见殷耀刚、李君：《以审判为中心诉讼制度改革背景下刑事再审抗诉制度之完善》，载《中国检察官》2021年第1期。

度改革背景下，刑事再审的法定事由应当在兼顾监督纠错功能的基础上，考虑到生效裁判的既判力、诉讼经济性以及被告人的人权保障问题。

第一，明确再审抗诉的法定事由。现有规定中的“确有错误”应当区分事实问题和法律适用问题，并根据对司法公正的影响程度，分列出必须抗诉的事由和相对抗诉的事由。诸如将亡者归来、真凶落网此类事实认定明显错误且导致司法严重不公的情形列为必须抗诉事由，有相关事实出现时应当及时启动抗诉程序对过往案件进行抗诉纠正。对于部分事实认定有误以及法律适用问题不足导致对司法公正有明显影响的案件，应适当限制不利于被告人的抗诉启动，如针对原生效裁判中法律适用错误，但该裁判有利于被告人的，则应宣告撤销原判、发回重审。[①] 同时，我国现行刑事诉讼法以及司法解释对程序违法重视程度不够，“足以影响公正审判”的规定在实践中也缺乏明确的适用标准，法院多以“不足以影响公正审判”为由对程序违法提起的抗诉予以驳回，一定程度上也限制了对案件的监督。对此，可以将一些程序违法行为直接列为必须抗诉事由，诸如审判组织不合法、违反回避规则、违反公开审判原则、剥夺或限制当事人诉权的，在不允许程序补救的情况下，由检察机关直接进行抗诉。其他违反法律规定的程序情形则应根据是否导致司法不公进行具体判断。

第二，构建上下一体的监督机制。我国《人民检察院刑事抗诉工作指引》规定，对于拟抗诉的重大案件，检察院应当向上级检察院汇报，但重大案件本身难以界定，且在实践中上下级院没有及时沟通也会导致“接续抗诉”形成真空期，无法形成最大的抗诉合力。事实上，无论是再审抗诉还是二审抗诉，其在司法价值上都是为了构筑最后一道防线，而且刑事再审抗诉是法定且唯一的刚性监督形式，所以构建上下一体、接续抗诉的监督机制，发挥出抗诉机制的最大合力就尤为重要。在现有的机制基础上，应当加强上下级检察院的协作配合，加强案件指导机制以及上级检察院针对下级检察院的工作和困难制定抗诉方案，通过定期学习、集体研究、总

---

① 参见吴杨泽：《刑事抗诉制度现状及完善——以 2014 年全国刑事抗诉裁判文书为样本》，载《人民检察》2017 年第 4 期。

结分析、请示汇报等方式，把握好抗诉判别标准、落实好精准抗诉理念。

（二）刑事申诉的再审检察建议

《人民检察院检察建议工作规定》第 8 条规定，人民检察院发现同级人民法院已经发生法律效力的判决、裁定具有法律规定的应当再审情形的，或者发现调解书损害国家利益、社会公共利益的，可以向同级人民法院提出再审检察建议。

与提起抗诉相比，再审检察建议不具有强制启动审判监督程序的效力，属于柔性监督且具有明显的协商性和灵活性。在申诉案件不符合提起抗诉的法定条件，但检察机关复查后认为原案生效裁判存在实体或程序不当或量刑偏轻偏重等情形下，可以围绕申诉人的诉求、原案司法办案错漏、再审程序必要性等问题向原审法院发出再审检察建议，将开启再审监督程序的职责交由原审法院决定。在刑事司法实践中，运用再审检察建议的案件数显著高于提起抗诉的案件数，而且发出再审检察建议的案件，其启动再审率和法院改判率两个指标均呈现较高水准，监督效果十分明显，既能切实保障申诉人的救济权利，强化检察机关的法律监督职能，也有利于息诉罢访和社会矛盾的化解。①

1. 刑事申诉再审检察建议的重要意义

首先，有利于节约司法资源，提高司法效率。在刑事司法实践中，再审检察建议属于抗诉的有益补充。刑事再审抗诉周期长、程序烦琐，增加了当事人的诉累，且不利于及时纠正错误判决、裁定。而再审检察建议可以直接发给同级法院，一方面，可以促使法院对案件进行快速处理，缩短案件审理时间，实现纠纷就地解决，弥补刑事再审抗诉权的不足；另一方面，还可以促进证据的及时收集和固定，避免因证据不足而导致的案件拖延，进一步提高司法效率。其次，有利于实现同级监督，丰富监督方式。刑事审判监督权是人民检察院的一项重要职责，对于保障司法公正、维护

---

① 参见孙珊：《刑事申诉多元化监督纠错机制的构建与完善——基于刑事申诉检察工作视角》，载《昆明学院学报》2019 年第 2 期。

社会稳定具有重要意义。然而，传统的监督方式过于单一，而且程序烦琐，无法全面有效地对刑事审判进行监督。刑事申诉的再审检察建议作为一种新型的监督方式，可以实现同级监督，即由作出原生效判决、裁定的法院的同级人民检察院提出再审检察建议，原法院启动再审程序进行重新审理，有利于及时纠正错误判决或裁定，弥补传统监督方式的不足，更能够强化和完善刑事审判监督权，保障当事人的合法权益，使刑事检察监督更为有效、更为现实。最后，有利于统一法律适用，促进司法公正。在司法实践中，由于各地法院对法律的理解和适用存在差异，可能会导致同案不同判的情况出现。检察建议是针对法院判决、裁定确有错误而要求予以纠正，督促法院自行提起再审程序纠正错误，使检察机关的外部强制监督转化为法院内部监督机制，促进司法机关内部协调和配合，兼顾公正和效率两大价值目标，促使法院对法律的理解和适用进行统一规范，弥补单一审判资源维护自身公正的不足，有利于防止司法腐败，维护社会公平正义，提高司法机关的公信力和权威，推动刑事司法活动的健康发展。

2. 再审检察建议的适用范围和程序

（1）刑事再审案件的适用范围。刑事申诉案件的再审程序需要满足以下条件：申诉人应当是原审当事人、法定代理人、近亲属；申诉人对已经发生法律效力的刑事判决、裁定提出申诉；申诉人必须提供充分的证据和法律依据，以支持其申诉请求；申诉人必须符合法律规定的其他条件。[①]刑事申诉案件的受理程序包括：申诉人向人民检察院提出申诉，并提交相关材料；人民检察院对申诉材料进行审查，并通知申诉人补充证据；人民检察院对符合条件的申诉，予以受理，并通知申诉人等待办理。

刑事申诉的再审检察建议主要适用于以下几种情况：原判决、裁定确有错误；人民法院自行纠正错误的判决、裁定；人民法院对申诉人的申诉不予受理或者驳回申诉后，申诉人没有其他救济途径的；人民法院认为申诉人的申诉理由不充分或者不属实的；人民法院对原判决、裁定的处理存在其他不当之处。

---

① 《刑事诉讼法》第 253 条。

（2）刑事再审案件的程序要求。人民检察院提出刑事申诉的再审检察建议应当遵守以下程序要求：审查原判决、裁定是否存在错误；听取申诉人的意见并调查核实相关证据材料；经检察长批准后制作再审检察建议书；将再审检察建议书送达人民法院。除此以外，人民检察院有关刑事再审案件的相关程序还包括以下几个。

①检察内审程序：在提出再审检察建议之前，检察机关需要对案件进行内审，以确保再审的必要性、合法性和可行性。内审程序包括对案件事实、证据、法律适用等方面的审查，并评估原判决或裁定是否存在错误。

②法院协调沟通程序：在提出再审检察建议之前，检察机关需要与法院进行沟通，了解案件的审理情况、判决或裁定的情况以及执行情况。通过沟通，检察机关可以了解法院对案件的看法和处理意见，从而更好地把握递交再审检察建议的时机和方式。

③跟踪反馈程序：在再审检察建议提出后，检察机关需要对法院的再审情况进行跟踪监督。如果法院没有按照建议进行再审，检察机关可以采取进一步措施，如向上级法院提出抗诉等。同时，检察机关还需要对再审结果进行反馈，评估再审的效果，以便总结经验教训，进一步提高监督水平。[①]

总之，再审检察建议是检察机关行使法律监督权的一种重要方式，其应用需要结合实际情况进行具体操作。同时，检察机关需要不断完善内审程序、与法院沟通程序和跟踪反馈程序，以提高监督质量和效果。

3. 再审检察建议存在的问题

（1）法律规范不完善。目前，除最高人民法院在《全国审判监督工作座谈会关于当前审判监督工作若干问题的纪要》第 17 条规定："人民检察院……对个案提出检察建议书的，如符合再审立案条件，可依职权启动再审程序"以外，《刑事诉讼法》及其司法解释并未将刑事再审检察建议上升为正式的法律监督方式，相关司法解释、人民法院、检察院的内部规定

① 参见张立：《再审检察建议：推行八年何时入法》，载《检察日报》2009 年 5 月 4 日，第 5 版。

也不健全。[①] 由于缺乏具体的操作规范和标准，导致实践中存在适用范围不统一等问题，许多地方检察院并未与人民法院就再审检察建议的适用范围和条件形成规范；法院受理、采纳、反馈等无程序规定，无法与检察机关的工作形成有效衔接。法律依据的不足必然削弱检察建议的权威，司法实践中，检察院对于是否提出刑事再审检察建议具有较强的自主性，难以精准选择抗诉或者再审检察建议。

（2）协商机制不健全。刑事申诉的再审检察建议不仅需要经过严格的审查和调查核实等程序，还需要检察机关协调好与法院之间的关系，实现沟通协商常态化、制度化。当前实践中存在的不少问题是由于检法两院对于检察院法律监督的理念、思维、认识不一致造成的。刑事再审检察建议的效果好不好，主要取决于法检两家是否在个案问题上形成一致意见。在司法实践中，也有法院认为刑事申诉案件适用再审检察建议没有法律依据，明确拒绝采纳再审检察建议，少数法院甚至对再审检察建议置之不理，不作任何回复。

（3）监督方式不协调。再审检察建议是一种"柔性监督"，案件是否再审，取决于人民法院是否采纳再审建议，不具有直接启动再审的效力，单纯适用再审检察建议并不能保证法律效果。而抗诉是法定具有强制力的审判监督手段，必然引起再审。但是司法实践中，尚未建立起抗诉、再审检察建议等监督手段的有效衔接机制，一些检察院面对审判机关不予采纳、回复再审检察建议的窘境时，并未及时跟进并果断采取抗诉等其他监督方式实现法律监督效果、确保当事人合法权益，使得检察机关的法律监督工作陷入懦弱无能、浮于表面的局面。[②]

4. 再审检察建议的完善路径

（1）健全再审检察建议的保障体系，实现效力渊源法律化。立法部门应当尽快完善刑事申诉的再审检察建议的相关法律规范，明确再审检察建

---

① 参见解思辛、黄璐：《刑事再审检察建议的实证考察及效能提升——基于对J省H市2016年至2020年刑事再审检察建议案件的分析》，载《山东法官培训学院学报》2021年第6期。

② 参见韩振标、谷林宣：《刑事再审检察建议存在的问题及对策》，载《人民检察》2013年第22期。

议的适用范围、条件，规范适用的程序，如审批决定、送达备案、接收回复、跟踪监督、告知当事人等。从《刑事诉讼法》及其司法解释的视角对刑事再审检察建议作为刑事诉讼监督重要方式的地位加以肯定，赋予刑事再审检察建议与抗诉同等的法律地位，实现检察权的科学运行，确保刑事再审检察建议制度落到实处、取得实效，维护司法公正与权威。制定严格的再审检察建议的撰写指南和标准，设立独立的质量评估机制，对再审检察建议进行评估，以确保其符合预期的标准。同时，细化、规范备案审查机制，有效杜绝再审检察建议权使用的随意性，以信息化手段为法律监督效果赋能。①

（2）完善与法院的沟通反馈机制，促进检法沟通常态化。人民检察院和人民法院应当加强协调配合，建立健全沟通机制。在司法实践中，人民检察院应当及时加强与人民法院的沟通，尽量统一检法两院对相关法律适用问题的认识。定期开展检法联席会议，认真落实人民法院提出的合理意见和要求，积极协调与人民法院的关系，并督促人民法院及时审查再审检察建议和案件证据材料，形成检法良性互动的工作格局。同时，法院应当建立反馈机制，及时向当事人反馈审理结果和判决情况，让当事人了解案件的进展和结果。当事人可以申请列席再审审委会，参与案件的审理过程，了解案件的审理情况和结果，坚持程序正义和实体正义的统一。

（3）构建多元化监督手段体系，实现法律监督协调化。坚持“抗诉为主，建议为辅”的原则，在抗诉、再审检察建议、纠正违法通知书、检察意见书等监督方式之间建立衔接机制，有效发挥其监督合力，确保刑事审判监督的有效性和权威性。刑事再审检察建议作为抗诉的补充，实现监督范围全覆盖。当检察机关有证据证明生效裁判确有错误，面对检察机关提出的再审检察建议，审判机关不以为然或置若罔闻时，倘若该案满足法定的抗诉标准，检察机关可以采取更为刚性的监督方式，及时向上级人民检察院提请抗诉，避免程序空转、浪费司法资源，弥补刑事再审检察建议的

---

① 参见肖建国：《民事程序构造中的检察监督论纲——民事检察监督理论基础的反思与重构》，载《国家检察官学院学报》2020 年第 1 期。

柔性不足。在司法实践中，除确保人民检察院和人民法院保持独立和公正外，更要提高法律文书的透明度和公众参与度，通过反馈机制、监督机制以及定期的审查和评估确保法律程序的公正性和有效性。

（三）刑事申诉的公开审查

检察机关在办理不服自身诉讼终结性处理决定的过程中，通过对基本案情和实际需求的双重审查判断，认为采取公开示证等举措能够更好更快地实现对案件的公正透明处理，彰显对申诉人合法权益的保障，基于此所衍生出的一系列公开办案方式方法。

1. 刑事申诉公开审查的发展历程

刑事申诉案件的审查经历了从书面审查到逐步公开审查的渐变过程。自人民检察院 1978 年恢复重建后，在相当长的时期内，申诉审查工作主要以作出重新审查决定书、书面告知该结果的方式呈现。在该阶段，检察机关通常采取调阅卷宗、复查案卷材料等方法开展重新审查工作，这种审查操作过程几乎是封闭的，当事人无从知晓审查决定具体是如何作出的。2000 年 5 月，最高人民检察院出台了《人民检察院刑事申诉案件公开审查程序规定（试行）》（以下简称《试行规定》），明确提出检察机关在办理刑事申诉案件时，可以采用公开听证的形式，该规定将申诉审查程序从"秘密"转向"透明"。2012 年 1 月，最高人民检察院发布《人民检察院刑事申诉案件公开审查程序规定》（以下简称《公开审查规定》），针对《试行规定》的不完善之处进行了修正。2014 年 10 月，最高人民检察院印发的《人民检察院复查刑事申诉案件规定》扩大了公开审查的适用范围。为进一步加强和规范新时代检务公开工作，2018 年，最高人民检察院颁布《关于深入推进刑事申诉公开审查专项督查活动的通知》，持续加大了刑事申诉案件公开审查力度。

2. 刑事申诉公开审查的基本内涵

第一，刑事申诉公开审查的适用范围。随着公开审查制度相关规定的陆续出台，刑事申诉公开审查的适用范围逐步扩大。不仅包括不服人民检察院诉讼终结的刑事处理决定的申诉案件，法院已经产生法律效力的刑事判决、裁定的申诉案件，还包括国家赔偿、司法救助等各类刑事申诉检察案件。另外，对案件事实、法律适用方面争议较大或者足以产生社会影响力的案件也囊括其中，但牵涉未成年人犯罪、国家秘密、商业秘密、个人隐私以及申诉人拒绝公开审查的案件，不宜适用公开审查制度。

第二，刑事申诉公开审查的形式。公开审查制度由公开示证、公开论证、公开答复和公开听证4种形式组成。结合案件的不同具体情形，检察机关可以在个案办理中任意选择一种或多种公开审查形式，公开审查的次数也没有作出生硬的限制。

3. 刑事申诉公开审查的功能价值

第一，对于保障诉讼当事人的合法权益具有推动作用。刑事申诉案件以公开审查的方式推进，能够保障申诉人知情权、表达权和参与权的充分行使。公开审查模式弥补了非公开审查的诉讼流程之不足，保证了信息的对称性，有利于实现当事人迫切表达意愿的诉求。

第二，有利于有效化解矛盾纠纷。在公开审查过程中，当事人亲历案件的论证过程，了解案件结论及其依据，在人民评议员、律师等第三方主体的参与下，能够及时、准确地表达与解决疑惑。同时，刑事申诉公开审查制度能够过滤各种意见与主张，制定最优的决定方案，使决定更容易被各方接受，增强当事人服从决定的责任感，从而有利于息诉工作的顺利开展，促进息诉罢访。

第三，有助于深化检务公开，强化司法公信力。通过公开审查的方式办理刑事申诉案件的过程，是贯彻检务公开工作理念的具体展现，达成了检务公开从案件证据、办案结论的静态呈现到办案流程的动态展示，也完成了从单方告知向多方互动的演变。在公开审查时，不仅限于当事人参与讨论，群众、法学人士、人大代表等第三方主体都可以参与案件讨论与决策、监督检察机关权力运行的过程，以增强检察机关的司法透明度，提升司法公信力。

4. 刑事申诉公开审查存在的问题

（1）公开审查的启动标准不清晰。对于公开审查启动的标准，法律未作明确规定，仅在《公开审查规定》中有所提及。[①] 但规定中“可以”“较大”的表述较为模糊，缺乏明确性和可操作性，赋予承办人员较大的自由裁量权。尽管当事人通过申请也能启动公开审查程序，但最终能否公开审查的决定权仍取决于检察机关。此外，《公开审查规定》中缺少对检察机关拒绝适用公开审查制度时的责任追究机制，这也给公开审查的启动增加了难度。

（2）受邀人员的聘任机制不规范。《公开审查规定》规定了公开审查受邀人员的范围，[②] 但并没有规定参加公开审查人员的资格认定和遴选程序。故而，对受邀人员的选择具有较大的任意性，以临时决定聘请为主，没有可供依托的长效机制，检察机关在选任人员上的自主决定权也引发了选任程序透明度和民主性欠缺之嫌。

（3）评议意见的法律效力不明确。听证评议意见并不等同于终局处理结论，仅为案件处理意见的参考，检察机关对是否采纳评议意见具有最终的决定权。倘若检察机关的处理决定与公开评议结果相悖，会在很大程度上引起申诉人对处理结论的反感和排斥，息诉罢访的目的将难以实现。

（4）法律援助的相关规定有待完善。《人民检察院审查案件听证工作规定》中规定了申诉人有委托律师的权利，但缺少法律援助的相关规定。这会导致实践中，申诉人在经济困难的情况下也只能依靠自己申诉；再加上大部分申诉人缺乏法律专业知识，在公开听证过程中难以有效保障他们对争议问题和案件事实进行辩驳讨论、说明陈述的权利，不利于矛盾的实质性化解。

5. 刑事申诉公开审查的优化路径

（1）规范公开审查启动机制。第一，依职权启动公开审查。这要求检察机关在办理刑事申诉案件的过程中，经审查认为符合公开审查条件的，

---

① 《人民检察院刑事申诉案件公开审查程序规定》第 5 条规定：“对于案件事实、适用法律存在较大争议，或者有较大社会影响等刑事申诉案件，人民检察院可以适用公开审查程序，……”

② 《人民检察院刑事申诉案件公开审查程序规定》第 8 条第 1 款规定：“人民检察院进行公开审查活动应当根据案件具体情况，邀请与案件没有利害关系的人大代表、政协委员、人民监督员、特约检察员、专家咨询委员、人民调解员或者申诉人所在单位、居住地的居民委员会、村民委员会人员以及专家、学者等其他社会人士参加。”

在咨询申诉人意见并取得同意后，主动开启公开审查程序。当前司法实践中由于启动标准不明确、缺乏对检察机关的监督激励机制等原因，存在检察人员怠于行使公开审查职权的问题。实务中可以从以下三个方面加强规范。

首先，应当规范检察机关的内部监督。一方面，上级检察机关可以通过定期开展对下考察、责令启动审查、亲自公开审查等形式加强对公开审查工作的监督力度；另一方面，通过对检察系统内部案管部门职能的强化，以此实现检察机关的自我监督。同时，在坚持“宜公开，尽公开”原则的前提下，选择公众关注、媒体网络宣传等具有社会影响力，或涉及矛盾纠纷亟须化解、疑难或新型案件需要明晰的具有现实必要的申诉案件。

其次，应当规范检察机关的外部监督，在强化群众监督的同时发挥媒体监督的积极作用。例如，允许公民旁听和记者直播、转播听证会，以此对听证会的流程进行监督；积极鼓励公民反映办案流程中存在的问题，并及时组织力量调查处理，认真反馈调查结果。

最后，应当完善办理公开审查的案件的考核、奖惩机制。检察机关应当从办案规范性、案后息诉率、办案时间和数量等方面对检察人员办理公开审查案件开展综合考量，奖励惩处机制必不可少，以此提升公开审查机制的使用率。

第二，依申请启动公开审查。根据申诉人提出的申请，检察机关应当结合案情进行全面衡量，并决定是否引入公开审查程序。但在目前的司法实践中，由于申诉人力量薄弱，依申请启动公开审查程序任重道远。因此，提高申请人的申诉能力是重中之重。

首先，检察机关应当在受理刑事申诉案件时明确告知申诉人拥有主动提出适用公开审查程序的权利，并且应当简明扼要地向申诉人说明程序流程、应备材料和负担义务等事项。其次，检察机关应当加大对公开审查制度的宣传力度。借助检察院官微、官网、公众号等新媒体加强对公开审查制度的社会宣传，以此鼓励和保障公民参与，如发布宣传片，发布典型的、有影响的公开审查案例等。与此同时，还必须对申诉人申请公开审查应承担的举证、说明义务以及未履行相关义务可能导致的法律后果作出明确说明，避免出现“申请滥”现象。[①]

（2）完善受邀人员遴选机制。一方面，要健全受邀人员产生、确认程序。以制发公告的方式向外送达要约，让公众知晓能够通过申请和邀请两种方式参与刑事申诉案件的公开审查；对申请人员进行笔试、面试等考核，并对录用结果进行公示。另一方面，要加强对受邀人员的管理、培训和考核。构建职业结构比例合理的档案库，对受邀人员进行岗前培训和定期业务培训；同时，强化考核监督，对懒散不作为、违纪违法乱作为以及参与率不高的受邀人员开展清理退聘，建立一支科学的、真正为人民服务的受邀人员队伍。另外，在随机选取具体受邀人员时，不仅要保证社会人员参与其中，更应当保证专家辅助人的参与。尤其是在复杂疑难案件的听证中，应当引进专家学者、执业律师、鉴定人员等作为听证员的专业帮手，提高听证员对案件事实和证据认知的专业化水平。[②] 同时，应当赋予申诉人对听证员申请回避的权利，持续提升公开审查的权威性、代表性和公正性。

（3）明确评议意见的法律效力。当承办人对案件处理意见与听证评议意见一致时，检察机关应当依照听证评议意见作出决定；若案件承办人提出的意见与听证员的评议意见存在重大分歧，则提交检委会讨论。检委会根据事实认定、听证会情况记录以及评议意见作出决定，并将检委会讨论的过程与处理结果的理由以书面形式送达听证员。除此之外，可以赋予听证员及申诉人对不采纳听证评议意见不服的复议权，以完善评议阶段的申诉人或听证员的救济权利。

（4）完善法律援助的相关规定。检察机关应当让经济困难、难以承受律师费的申诉人第一时间知晓其具有的申请法律援助权利。检察机关可以主动与律师协会、司法行政机关等进行协调，经商讨后以书面文件形式对法律援助的基本要求、范围界限和程序流程等进行固定，确保申诉人该项权利能够落地生根。

---

① 参见宋攻玉：《刑事申诉公开审查启动困境及机制完善》，载《安徽警官职业学院学报》2022 年第 4 期。

② 参见王军：《刑事申诉公开审查工作的若干问题》，载《中国检察官》2023 年第 17 期。

（四）刑事申诉的反向审视

1. 刑事申诉反向审视的内涵与发展历程

当前刑事申诉反向审视的定义并未明确统一，部分地方检察院为更好地推进反向审视工作对其概念作出了界定。如河南省检察院认为，刑事申诉反向审视是检察机关通过对自己办理的国家赔偿、刑事申诉乃至涉检信访等案件的深度分析，回首过往诉讼历程、敏锐洞察问题瑕疵，推动实现司法办案的规范化建设。[①] 江西省检察院则提出反向审视旨在利用对国家赔偿、刑事申诉的深入分析，于诉讼流程中查找问题之所在，提出若干问题的解决应对之策，推动源头上实现司法规范。[②] 也有学者提出刑事申诉的反向审视系通过检察机关对国家赔偿、刑事申诉等的深入分析，寻找诉讼流程中的各种问题，进而提出优化改进意见的一种工作方式。[③] 以上几种理论探讨虽各有不同，但均存在一定的相同之处，即都聚焦于对国家赔偿、刑事申诉案件在原办案环节存在问题的深度剖析。在此基础上，刑事申诉反向审视体现在检察机关控告申诉部门承办国家赔偿、刑事申诉等案件的过程中，从实体上和程序上找出办案各个诉讼流程中存在的瑕疵、错误，通过提出针对性的优化意见，实现司法履职、案件质量、公平正义的源头把控。

刑事申诉反向审视经历了一个逐步发展完善的过程。2015 年，最高人民检察院刑事申诉检察厅旗帜鲜明地指出，全国范围内铺开刑事申诉案件反向审视工作是检察机关的当务之急和首要任务。2016 年，刑事申诉检察正式形成了“一体四翼”的发展思路，反向审视工作位列其中，彰显了最高人民检察院的坚定立场。在 2017 年的时候，最高人民检察院刑事申诉检察厅厅长曾经讲过一段发人深省的话：应当从每一起平反昭雪的冤假错案

---

① 参见刘洁、张海燕、吕峰：《案后“反向审视”，问题一览无余》，载《检察日报》2016 年 6 月 23 日，第 2 版。

② 参见杨静：《“反向审视”：助推司法规范》，载《江西日报》2018 年 1 月 18 日，第 A02 版。

③ 参见黄端、韦震玲、朱秋敏：《论新时代刑事申诉检察职能的发展路径》，载《广西政法管理干部学院学报》2019 年第 5 期。

中检讨反思过往、铭记血的教训，通过对查纠举错机制的健全完善，慰藉所有蒙受不白之冤的苦难者，避免人间悲剧，强调坚持把反向审视作为加强法律监督的一项重要工作贯穿于办案始终。[①] 2021 年，最高人民检察院发布《“十四五”时期检察工作发展规划》，提出全面推行刑事申诉、国家赔偿、无罪判决、撤回起诉、撤回抗诉等案件的反向审视和分析报告制度。最高人民检察院在印发的《2023—2027 年检察改革工作规划》中再次强调要建立判决无罪案件和刑事申诉案件反向审视制度。

2. 刑事申诉反向审视的对象和重点

刑事申诉反向审视的对象包括但不局限于刑事申诉案件、国家赔偿案件，司法实践中可将反向审视的对象进一步细分为三种，即不服检察机关诉讼终结的刑事处理决定而提出的申诉、不服审判机关生效刑事裁判而提出的申诉以及申请国家赔偿案件。当刑事案件是在检察环节作出了诉讼终结的处理决定，但是当事人等适格主体不服检察机关此类决定时，可以通过刑事申诉寻求救济。当刑事案件进入审判程序，法院经审理对其作出生效裁判，当事人认为审判有误，对案件裁判结果不服时，可以向检察机关提起刑事申诉，申请刑事检察监督。当事人认为在刑事诉讼过程中，自己的人身自由、生命健康以及财产受到侵害时，可以申请国家赔偿。在 2023 年两会期间，最高人民检察院第十检察厅表示要持续开展反向审视工作，建立审查办理刑事申诉、国家赔偿案件“每案必评、实质化解”工作机制。[②] 反向审视工作绝不是走过场，而是以问题为导向，从立案侦查到最后的处理结果，兼顾实体和程序，层层解剖案件，从中发现错误、找出瑕疵。

刑事申诉反向审视的工作重点是审查原案在侦查取证、审查批捕、审查起诉、刑事审判各个环节是否存在错误与瑕疵。刑事错误，是指刑事司法工作人员在办案过程中错误地行使司法权，造成刑事案件在实体和程序

---

① 参见李国民：《反向审视：冤错案暴露三大问题》，载《检察日报》2017 年 3 月 8 日，第 5 版。

② 参见徐向春：《以控告申诉检察工作现代化助推检察工作现代化》，载《人民检察》2023 年第 6 期。

上的错误。刑事错误的发生贯穿刑事诉讼的各个环节，如侦查机关在审讯阶段，采取非法手段刑讯逼供，导致冤假错案产生，赵某海案、佘某林案等都是在暴力审讯下获得的有罪口供作为定案证据；检察机关在事实存在疑点、证据存在矛盾的情况下“带病起诉”；审判机关忽视无罪证据，做有罪推定等。刑事瑕疵，是指司法机关办案人员由于疏忽大意等原因导致在办的刑事案件存在轻微司法错误，通常情况下只要及时发现并进行修补就不会对案件造成实质性的影响。主要表现在证据采信、事实认定、法律适用、文字表述、司法作风等方面存在明显瑕疵。例如，在询问笔录中缺失了向证人告知权利义务、法律责任的相关内容。

无论是刑事错误还是瑕疵都反映出司法机关及其工作人员在处理刑事案件中的专业水平和规范性有待加强。这会导致当事人的权利受损，进而会使人民群众对我国司法的公正性进行质疑，动摇我国的司法权威。① 因此，找出原案存在的错误与瑕疵，纠正预防该类错误瑕疵的再发生，是刑事申诉工作的重中之重。

3. 刑事申诉反向审视的原则

（1）有错必纠原则。培根曾说过：“一次错误的审判造成的损害要远胜无数的罪行，因后者不过是污染了水流，而前者则污染了其源头。”刑事申诉反向审视工作的目的就是纠正错误、补正瑕疵，因此检察机关对刑事申诉办案中发现的冤假错案，要敢于纠正、坚决纠正。如果明明发现了错误却视而不见、装聋作哑、瞻前顾后不敢指出，就会严重违反反向审视工作的初衷。

（2）客观公正原则。公正是法治的生命线。检察机关工作人员在办理刑事申诉案件时，应当坚持实体公正与程序公正并重，一切从实际出发，发现案件真相，尊重案件事实，实事求是，依法纠错。一方面，既要维护生效决定和裁判文书的稳定性，维护司法权威；另一方面，又要深挖细挖，找出错误与瑕疵，并及时采取相应的补正措施，保障当事人的合法

① 参见周浩：《刑事冤错案件负面效应与检察消解机制的建立》，载《人民检察》2018 年第 12 期。

权益。

（3）依法及时原则。依法原则，是指检察院控告申诉部门要严格按照法定权限和程序行使职权。及时原则要求控告申诉检察部门每办结一件刑事申诉案件，都要把高效率这个要求贯穿始终，既要在办案过程中及时发现问题和瑕疵，也要及时和原办案单位、人员沟通，并条理清晰地把上述问题和瑕疵予以反馈，并督促其改正。检察机关应当做到一案一反馈，不能将问题积攒到一定数量或积攒一定时期的问题后再公开，[①] 防止出现因未及时纠正，导致错误重复发生的现象。

（4）多方参与原则。刑事申诉反向审视工作要真正得到落实，发挥其效用，离不开多方主体的参与。汇聚各方力量能够使案件处理过程更加公开透明，使问题暴露在阳光下，通过共同监督方式，发挥反向审视最大功效。刑事错误与瑕疵既可能发生在侦查、审判阶段，也可能发生在检察阶段，因此需要公安机关、审判机关以及检察院内部各部门的协调配合。另外，还可以通过个案剖析研讨会的方式，并引入相关领域专家学者、精英律师以及政协委员、人大代表等集体智慧，对一些疑难问题或者重大案件共同讨论，实现法律效果和社会效果的统一。

4. 刑事申诉反向审视存在的问题与优化对策

（1）规范刑事申诉反向审视的工作方式。党的十八大以来，检察机关秉持能动履职理念对如何高效开展反向审视展开了全新的探索，各地在开展反向审视工作时因为没有明确统一的规范要求，容易导致地区之间的做法差异性较大，步调不一致，这难免会约束工作的开展。此外，在实践中，检察院控告申诉部门对反向审视工作存在重视不够、办法不多、方式固定等问题，使得反向审视的制度优势难以体现，陷入个案审视多、类案剖析少的怪圈，导致工作成效不明显。因此规范反向审视的工作方式，对于引领这项工作快速、高效发展，刻不容缓。

反向审视的方式包括个案反向审视、类案反向审视以及定期反向审

---

① 参见孙珊：《刑事申诉多元化监督纠错机制的构建与完善——基于刑事申诉检察工作视角》，载《昆明学院学报》2019 年第 2 期。

视。个案反向审视制度，是指控告申诉检察部门在办理可以纳入反向审视范畴的案件的过程中，全方位、多维度分析案件，概括归纳原案侦查、起诉、审判、执行等全诉讼流程中发现的办案错漏、司法瑕疵，并分析转化成办案人员的意见建议，点对点向原承办单位及人员进行通报。类案分析，是指控告申诉检察部门围绕特定时期内其所办结的刑事申诉、刑事国家赔偿的同类案件就存在的普遍性问题集中开展反向审视，查找共性问题，总结类案，针对性提出改进建议，从而对办理该类刑事案件起到指导作用，将同一类型的问题由点及面地彻底根除。定期反向审视，是以固定的一定时期作为合理期间，规律性地在时间节点上对此前已办结刑事案件开展回头检查，剖析可能存在的突出问题，汇总整理后有针对性地给出系统化的优化改进建议。① 我国现已初步形成了国家赔偿案件定期反向审视工作机制。

（2）落实刑事申诉反向审视的工作程序。目前，我国并未明确规定刑事申诉反向审视的工作程序，缺少制度性规范，在具体工作中随意性较大，导致反向审视工作难以真正落实。刑事申诉反向审视工作应当按照一定的程序进行。刑事控告申诉部门首先应当仔细研判案件，对案件中存在的问题进行深入调研；其次在此基础上归纳总结问题，并提出整改建议；最后在与有关单位及其人员充分沟通的基础上，督促其整改落实。只有建立具体的工作程序，才能推动反向审视工作在实践中真正得到落实，发挥其应有的实效。

（3）促进刑事申诉反向审视结果多元化运用。部分控告申诉检察部门只重视找出问题，而忽视与问题单位及人员的沟通、反馈，也不积极跟进整改落实情况，导致反向审视工作只浮于表面，影响了工作效果的发挥。因此，控告申诉检察部门应当有针对性地提出规范整改意见和建议，倒逼问题单位及人员提升工作质量，使反向审视工作落地见效。

控告申诉检察部门对问题案件进行反向审视时，针对排查出的瑕疵和

① 参见北京市人民检察院第十检察部课题组、刘磊：《浅议刑事申诉检察反向审视工作制度建设》，载《中国检察官》2023 年第 3 期。

问题，可以通过向有关机关发出纠违通知、提出抗诉或检察建议进行纠正，对于反向审视中暴露出的各类违法犯罪线索，理应根据有关规定及时做好线索转交、移送等工作。纠违通知书主要是针对检察机关在履行法律监督职能过程中发现的侦查机关侦查活动、法院审判和执行活动违法的情形，但该文书不同于诉讼进程中形成的批捕书、起诉书等法定文书，具有显著的非诉讼特征。抗诉是一种刚性的外部监督手段，在强制性、时效性、客观性等方面具有优势，主要适用于法院生效裁判存在明显错误且影响案件公正的情形。检察建议与抗诉相比具有协商性和灵活性，属于柔性监督，是对抗诉的有益补充。检察机关对法院生效裁判提出抗诉，通过综合运用纠违通知、检察建议、提出抗诉、移送线索等方式进行法律监督，倒逼相关部门不断提高办案质量，从源头上推动解决执法司法不规范问题。

（五）刑事申诉的检察侦查

刑事申诉作为一种司法救济程序，因其具备最终性特点，对其过程进行法律监督就显得尤为必要。在刑事申诉案件中，检察侦查作为监督司法工作人员的法律手段，能够有效纠正和减少冤假错案。刑事申诉检察侦查的相关法律规定经历了一个完善发展的过程。2018 年，最高人民检察院印发了《关于人民检察院立案侦查司法工作人员相关职务犯罪案件若干的问题规定》，明确了 14 类应当由人民检察院立案侦查的司法工作人员职务犯罪。2021 年，最高人民检察院印发的《关于进一步做好刑事错案的依法纠正、责任追究和善后工作的意见》要求“依法依规依纪追究有关人员的错案责任”，为进一步对检察院内部人员职务犯罪进行立案侦查，完善刑事错案依法纠正工作机制提供了指导与保障。

1. 刑事申诉检察侦查的内涵。刑事申诉检察侦查作为刑事申诉检察多元化监督纠错机制中的责任承担方式，是检察机关在刑事申诉程序中行使检察权的行为。其概念目前在学界没有明确界定，但是我们可以通过一系列制度规定发现其特点。

在检察权的种类上，刑事申诉程序中的检察机关能够行使自行侦查权。侦查权在种类上被区分为自行侦查权、机动侦查权与补充侦查权。《刑事诉讼法》第19条第2款规定："人民检察院在对诉讼活动实行法律监督中发现的司法工作人员利用职务实施的非法拘禁、刑讯逼供、非法搜查等侵犯公民权利、损害司法公正的犯罪，可以由人民检察院立案侦查。……"依据该条款，我们可以看出自行侦查权具有启动程序自主与侦查范围特定的特点。

首先，机动侦查权与补充侦查权相对于自行侦查权均具有滞后性。机动侦查权的行使需报请省级以上检察院决定，而补充侦查权的行使需以退回为要件。《刑事诉讼法》第19条第2款明确了侦查机关可以自主决定是否进行立案侦查，而不用报请批准。其次，自行侦查权的侦查范围为诉讼活动中的司法工作人员的职务犯罪，区别于机动侦查权对原属公安机关管辖范围内的案件进行侦查，也区别于补充侦查权对原属监察机关管辖的普通职务犯罪案件进行侦查。综上，对于申诉活动中司法工作人员的14种职务犯罪，检察机关可以直接进行立案侦查，这不仅体现了检察侦查错案纠正的功能，更明确了检察机关进行法律监督的职能。

在侦查权模式上，刑事申诉程序中的检察机关行使的是"监督型"侦查权。侦查权是基于追诉犯罪而收集证据、查明事实之权。1982年《宪法》确定了检察机关为"法律监督机关"。随着"法律监督机关"教义内涵的充分实施，我国的检察侦查权也逐渐由追诉本位向监督导向演变，最终形成了"监督型"侦查权。"监督型"侦查权对比"追诉型"侦查权更多地体现出行使的补充性与对线索的依赖性。首先，《刑事诉讼法》第19条的"可以"一词表明检察机关并非对司法工作人员职务犯罪进行立案侦查的唯一主体，强调其在该领域对监察机关立案侦查的补强；其次，刑事申诉的检察侦查针对的是司法职务犯罪。职务犯罪场景的封闭性使司法工作人员在职务犯罪的实施上通常利用职务的特殊性隐蔽行事。这种隐蔽犯罪使检察侦查的难度大幅提高，也决定了检察侦查中对线索的依赖。

综上，可以确定刑事申诉检察侦查的概念为：在刑事申诉的诉讼程序中，检察机关对14种司法工作人员职务犯罪通过立案侦查的方式进行法律监督，行使自行侦查权的行为。

2. 刑事申诉检察侦查的必要性。学界对于检察机关是否保留侦查权，尤其在申诉程序中是否保留侦查权，具有一些争议。有的学者，如秦前红认为，由于自我监督乏力、侦查力量散尽、法理不合逻辑，检察机关的司法职务犯罪侦查权应彻底转隶至监察委员会。[①] 但在实务中，检察机关的侦查权保留仍有其必要性。

第一，保留检察机关的侦查权可以保证检察监督的刚性。检察机关作为我国《宪法》规定的法律监督机关，在行使其监督职能时需要具备对被监督对象直接进行处理的权力，[②] 这就要求保障其检察刚性。检察机关的侦查职能，在《刑事诉讼法》的发展中经历了一个“由盛转衰”、不断缩限的过程。可以观察到，自一部分侦查权转隶至监察委后，检察机关发出的检察建议等法律监督措施受重视程度大幅下降。如果在刑事申诉这一靠后的刑事救济程序中，检察机关失去了对司法工作人员职务犯罪立案侦查的权力，不仅不利于依法纠正刑事错案，也会对相关责任人的依法追究产生影响。

第二，保留检察机关侦查权可以优化侦查资源配置。在刑事申诉中进行检察侦查，有利于线索的收集。鉴于检察机关同时具备监督职能与检察职能，其能够在公安机关办案、人民法院审案的各个程序均深入参与。通过对被告人、犯罪嫌疑人的讯问等职务行为，可以使检察机关在案件参与过程中更容易发现司法工作人员由于程序、实体违法造成的冤假错案。

第三，保留检察机关的侦查权对监察监督能够起到配合完善作用。《关于人民检察院立案侦查司法工作人员相关职务犯罪案件若干问题的规定》只明确了可以由检察机关立案侦查的 14 种司法工作人员职务犯罪行为，而监察机关则对其他更大范围的职务犯罪进行监督。二者的规制范围虽然都包括职务犯罪，但是检察机关更侧重维护国家法制统一和法律正确实施，监察机关则主要保障公职人员履行职责的廉洁性与勤勉性。如果能够站在国家反腐工作大局的视角将检察机关的侦查权融入其中，并且强化

---

① 参见秦前红：《检察侦查权的制度逻辑与时代走向》，载《政法论丛》2023 年第 4 期。

② 参见庄浩、杨涛：《检察机关立案侦查司法工作人员相关职务犯罪实务问题研究》，载 2020 年贵州省检察院理论研究年会优秀论文集。

监察与检察两机关的沟通交流，就会协调国家反腐机制整体部署，促使监察机关的监察功能和检察机关的法律监督功能均得到有效发挥。①

3. 错案追责制度原则。最高人民检察院《关于进一步做好刑事错案的依法纠正、责任追究和善后工作的意见》确定了对冤假错案进行追责的几个重要原则。

第一，主客观相一致原则。该原则要求，对司法工作人员的追责，在行为认定和责任承担上都要做到主客观相一致。首先，在行为认定上，要求检察人员基于主观过错，客观实施了导致案件重大失误的行为，且产生严重后果。其次，在责任承担上，责任的有无与轻重应当与检察人员主观过错的有无与轻重相对应。同时，过错与后果之间的关联也应当被纳入考虑范围，不能简单根据案件处理结果认定司法责任。②

第二，实事求是原则，也即考虑特殊时代背景原则。该原则要求，在追责过程中，要做到区别新案与旧案。对形成错案历史时期的司法水平、法治环境、刑事政策等进行考量，并基于以上情况对检察人员主观上是否存在过错以及过错类型的确定进行判断。

第三，依法追责原则。该原则要求，对于错案司法责任的追究应当依法进行。这不仅包括追责程序和追责内容需要依法决定，更包括了在整个追责过程中应当依法落实错案司法责任终身追究制度。

4. 确定刑事申诉立案侦查的案件标准。刑事申诉司法活动作为防错纠错的最后一道关口，若未能守住防线，对司法工作人员的事实认定错误进行立案侦查，刑事错案就很难再被纠正。

实体上，首先，司法工作人员事实认定错误导致的冤假错案，符合检察机关立案侦查的案件标准。司法工作人员非法拘禁、刑讯逼供、非法搜查等行为可能致使犯罪嫌疑人、被告人做出虚假的事实陈述。检察机关能够通过在申诉案件和“申诉前案”中行使检察职权，获取司法工作人员非法拘禁、刑讯逼供、非法搜查的线索，从而可以较为便利地对该部分案件

① 参见朱孝清：《修改后刑诉法与监察法的衔接》，载《法治研究》2019 年第 1 期。

② 《最高人民检察院关于印发〈最高人民检察院关于进一步做好刑事错案的依法纠正、责任追究和善后工作的意见〉的通知》。

立案侦查。其次，司法工作人员法律认定错误导致的冤假错案，符合被检察机关立案侦查的案件标准。渎职型职务犯罪与徇私舞弊型职务犯罪等类型的职务犯罪，均包含司法机关法律适用错误这一构成要件。司法工作人员错误适用法律可能构成徇私枉法罪，滥用职权罪，民事、行政枉法裁判罪，执行判决（裁定）滥用职权罪等徇私舞弊型职务犯罪；也可能构成玩忽职守罪、执行判决（裁定）失职罪等渎职型职务犯罪。

程序上，司法工作人员程序适用错误导致的冤假错案，符合检察机关立案侦查的案件标准。在申诉程序与“申诉前案”中，公安与司法机关在证据搜集使用、判决执行中实施的违法行为，可能会由于程序适用失当构成非法搜查罪、暴力取证罪、执行判决、裁定滥用职权罪等。所以，司法工作人员程序适用错误的案件符合刑事申诉检察侦查的立案标准。

5. 规范刑责错案线索移送机制

（1）明晰移送线索种类——诉讼活动中司法工作人员职务犯罪线索。首先，案件线索必须是关于诉讼活动中的行为。具体就刑事申诉检察侦查而言，被移送的线索应当是关于申诉程序中司法工作人员的违法行为，或者申诉前案中司法工作人员的违法行为，如非法证据是否在申诉程序中得以排除。其次，案件线索必须是关于司法工作人员的职务犯罪。线索内容必须与诉讼活动即申诉活动相关，非司法工作人员违法行为的线索，或司法机关工作人员非职务犯罪的线索，都不在追究刑事责任的错案线索移送范围内。

（2）提高移送线索标准——构建线索审查分流机制。建立线索审查分流机制的主要目的在于对高质量线索进行筛选移送，同时将其他线索予以排除。[①] 建立线索审查分流机制就要建立线索筛查甄别机制。检察机关对线索的筛查甄别过程中，不仅要对线索形式进行审查，更要对线索实质进行审查。在形式审查的过程中，检察机关需要对线索的内容进行初步审查。首先，排除无用线索，例如主观臆测、违背常理的控告和举报。其

① 参见连云港市人民检察院课题组、汪跃：《职务犯罪线索管理机制的优化》，载《中国检察官》2015 年第 11 期。

次，排除明显超出检察机关管辖范围的线索，例如为案件情节显著轻微无须追究刑事责任提供证据的线索。在实质审查的过程中，检察机关需要确定线索的可查性与可信度，同时也需要确定对线索可查性与可信度的审查应该采取何种核实方式。首先，可以建立重大疑难案件的线索集体评估制，邀请线索管理员、承办检察院、部门主要负责人等参加集体评估。为了保证评估活动的质量，需要限制上级检察院直接指令下级检察院对其职权范围内的线索进行审查评估。其次，可以建立科学有效的线索质量评估标准，使审查分流后的线索在客观上达到内容翔实、确实可信。

（3）完善移送线索程序——建立线索高效流转机制。线索移送程序的完善，需要依靠线索审查分流机制。对于经过审查分流的高质量线索，应当依法移送提请立案。对于审查发现具有瑕疵，不宜直接提请立案，但仍具备一定价值的线索，应该设置上报程序。例如，对该类线索设立暂存待查制度，由分管副检察长行使审批职权，并对时限进行确定。同时赋予线索管理员在时限届满后提出再审查意见之权。① 对于未通过审查的其他线索，超出管辖范围的应当移送至其他有管辖权的机关进行审查。线索移送程序的完善，也需要考虑司法工作人员职务犯罪的特殊性。为了保证监督的刚性，应当设置司法工作人员职务犯罪案件交办制度。具体而言，首先，原管辖检察机关只有在存在特殊情况时才能申请交办。其次，在交办过程中，原管辖检察机关必须向上级检察机关汇报，并经其批准后才能进行线索移送。最后，下级检察机关接收线索、立案侦查的全程需接受上级检察机关的监督。

综上所述，刑事申诉检察侦查作为一种责任追究手段，能够保证检察监督刚性、优化侦查资源配置、补充配合监察监督。在申诉过程中，对待司法工作人员职务犯罪，我们要在考虑历史背景的情况下，遵循主客观一致原则，依法进行立案侦查。通过确定立案侦查的案件标准，构建线索审查分流机制与线索高效流转机制来完善刑事错案依法纠正工作机制。

---

① 参见刘海东、吴言才、何涛：《司法工作人员相关职务犯罪的线索管理——以 Y 市检察机关办案实践为例》，载《人民检察》2020 年第 18 期。